每天学一点亲子心理学

陪孩子走过学前这6年

李彦芳　朱德慸 编著

U0651044

学龄前父母不可不知的教育心理策略和技巧

企业管理出版社
ENTERPRISE MANAGEMENT PUBLISHING HOUSE

图书在版编目（CIP）数据

陪孩子走过学前这6年：学龄前父母不可不知的教育
心理策略和技巧 / 李彦芳，朱德傈编著. —北京：企
业管理出版社，2013.11

ISBN 978-7-5164-0570-3

Ⅰ.①陪… Ⅱ.①李… ②朱… Ⅲ.①学前儿童—家
庭教育 ②学前儿童—教育心理学 Ⅳ.①G78 ②G444

中国版本图书馆CIP数据核字（2013）第254610号

书　　名：	陪孩子走过学前这6年：
	学龄前父母不可不知的教育心理策略和技巧
编　　著：	李彦芳　朱德傈
责任编辑：	张超峰
书　　号：	ISBN 978-7-5164-0570-3
出版发行：	企业管理出版社
地　　址：	北京市海淀区紫竹院南路17号　　邮编:100048
网　　址：	http://www.emph.cn
电　　话：	编辑部（010）68453201　　发行部（010）68701638
电子信箱：	80147@sina.cn　　zhs@emph.cn
印　　刷：	北京中新伟业印刷有限公司
经　　销：	新华书店
规　　格：	160毫米×230毫米　16开本　14印张　220千字
版　　次：	2013年11月第1版　2013年11月第1次印刷
定　　价：	29.80元

目 录
CONTENTS

第03章 塑造良好性格——培养出乐观开朗的孩子

第04章 有朋友童年才完整——教孩子学会与人相处

第05章 习惯决定孩子一生——从小培养良好的习惯

第06章　关注孩子的怪行为——给孩子最好的行为指导

第07章　正面面对孩子的性问题——把握性教育的最佳期

序

有效的教育，从读懂孩子的心开始

关于孩子和教育，父母们普遍知道的很少，做错的很多。不是因为父母不努力，而是因为父母不懂孩子的心理，误解了孩子，甚至给孩子造成了心理障碍，让自己对孩子的教育走入歧途。

实验一：哈佛大学心理学教授菲尼·贝克曾经做过一个实验，他在街头的一面墙上，分别挂了两个牌子，一个上写"禁止涂鸦"，一个上写"请不要乱涂写"。结果发现，在挂第一个牌子期间，该面墙上涂鸦的现象特别严重。

现在我们也来做个试验，请你用下面几个句式来和孩子说话："不要做……""不许做……""不能做……"，你看看孩子会有怎样的反应。

很显然，这样严肃的禁令式教育，只会激发孩子的逆反心理，让你的孩子把对抗你作为当下一个获取快乐的目标。

实验二：著名的心理学家德·波诺发现，生活在乡村里的人，他们眼里对于美女的概念，只是村里漂亮的姑娘，而不会有更美的形象。波诺说，这是"乡村维纳斯"效应。

现在，我们也来做个试验，我们让孩子回答一个关于自然现象的问题，你给一个孩子一个固定的答案，而给另一个孩子很多关于自然现象的图书。看看哪一个孩子回答问题更好？

很显然，如果我们只给孩子固定而准确的答案，那么孩子就会变成一个目光短浅、刻板而没有主见的人，而如果我们能多方面、多思维开启孩子的智力，那么孩子就会学会自己探索，不愿意受任何权威的限制。

实验三：美国科学家法波也曾经做过一个实验，他把许多条毛毛虫首尾相连放在一个花盆的边沿。在离这个花盆六英尺的地方，就有毛毛虫爱吃的松针。但他发现，这些毛毛虫一直沿着前面毛毛虫的足迹走，直到七天后，它们都被饿死。

现在，我们来做个实验，让一个智障者对几个孩子受训，条件是只允许孩子说"yes"，过一段时间后，我们看看孩子们会怎么样？

很显然，优秀的孩子也可能会成为智障。如果我们在教育孩子的时候，只允许孩子听从父母的话，那么孩子将来只能达到你的一半水平，而永远无法超越。

这些对教育有用的心理学实验，你知道多少？

有一个父亲，他就是不明白为什么教育可以不用让孩子听话。他说："如果孩子不听话，那还怎么做教育？

当他进行了上面的三个实验后，马上豁然开朗。之后，在教育孩子时，他喜欢更多地听听孩子的意见。结果，他的孩子变得特别懂事，让他操心的事情更少了。

其实，教育过程，是一个心理互动过程，也是一个潜意识挖掘过程。

父母越多掌握心理学原理，就能越了解自己的孩子，越了解自己的孩子，也就能越知道什么教育对孩子是正确的，是有用的。另外，虽然我们活在显意识里，但能让我们发生巨变的，能左右我们的人生方向的，却是我们的潜意识。

这就是为什么现在人们越来越重视教育心理策略的原因，也是本套丛书的写作缘起。

　　《每天学一点亲子心理学》丛书是一套针对孩子心理的教子图书，共分3册，分别针对学龄前、小学阶段和初中阶段孩子的普遍行为及典型问题，从心理学的角度进行深度的解读和分析问题背后的心理原因，并为家长提供详细的解决方法。

　　《每天学一点亲子心理学》丛书是一套写给父母及教育工作者读的心灵读本，书中没有说教，让父母轻松全面地掌握孩子的心理，从而做到胸有成竹、游刃有余地帮助孩子纠正不良心理和行为，成就完美人生。

　　本书在编写的过程中，得到了张振忠、张玉霞、李秀丽、烟爱民、赵光玲、程永虎、顾新民、刘江、张欣、张振刚、游红云、张江江等人的帮助和支持，在此一并表示感谢！

　　最后，祝所有的父母都读懂自己的心，看懂孩子的心，做最好的教育。

编者

2013年7月8日于北京

第 *01* 章

了解学龄前儿童心理——
了解是教育的第一步

孩子的心思有迹可循——了解心理发展的规律

教子实例

赵伟3岁了，对一切都感到好奇。有时候，他会盯着一样东西看很久，爸爸妈妈都猜不出他的心思。

这天，赵伟突然抓着一只碗不放手，这让妈妈很想不明白。妈妈不停地问他："宝贝，你想做什么？"赵伟却一言不发。

妈妈试着用其他玩具把赵伟手中的碗换下来，可是赵伟就是不愿意。妈妈害怕赵伟把碗摔破伤到自己，就夺了下来。

可是，赵伟却大哭起来。面对赵伟，妈妈非常慌张，他不知道，孩子到底在想些什么？

心理分析

孩子心理变化的发展，有明显的阶段性，有规律可言，一般孩子的心理都会沿着规律成长变化，所以了解孩子的心理变化至关重要。

俗话说得好："要想教育好孩子，必须了解孩子在想什么"。年龄段不一样，孩子的心理必然也不同。

孩子心理规律的发展都是按照由简单到复杂、由低级到高级变化的。通常经过一段时间，孩子的心理就会出现一种质变，能力也会有很大的提高。

例如，3岁之前的孩子，好奇心比较重，喜欢新鲜事物，喜欢模仿，甚至喜欢搞破坏，为的就是满足一种心理体验。

孩子3岁之后，个性意识就会增强，从心理上而言，更渴望按照自己的意愿表现自己。同时，孩子的性格也慢慢形成。这个时期，很多孩子会变得"叛逆"。

家庭教育要跟孩子心理发展规律想结合，要符合孩子的心理发展，太急于求成，只会打击孩子的积极性，让孩子的心理产生厌恶和抵触，通常不会有好的效果。

父母要根据孩子不同阶段的心理特点及时调整教育方式，对于孩子容易出现的心理问题，父母要多加留意。

给父母的建议

建议一：了解不同年龄段孩子心理发展规律的特点

每个年龄段的孩子，都有独特的心理特点和不一样的发展规律，父母只有了解孩子的特殊性，才能在教育时有所依据。

一般的孩子在3岁以前，几乎时刻都离不开家人的关爱和照顾，最喜欢黏着父母；3岁左右的孩子则喜欢跟着父母运动，爱说、爱笑、爱玩，喜爱模仿是这个年龄段孩子最大的特点。

4岁到6岁时，孩子不像以前那样，一刻不离地跟着父母了。孩子渴望有自己的小"社交圈"，渴望表达自己。同时开始喜欢学习和观察新事物，探索事物的奥秘。"破坏"、"多动"、"叛逆"几乎就是这个时期的代名词。

总之，孩子的身心会随着年龄不断地成熟。父母在教育孩子时要摸清规律，根据心理特点教育培养孩子，效果必然会事半功倍。

建议二：针对不同阶段的心理调整教育方式

孩子的心理发展规律会随着年龄不断变化，如果父母只单纯地运用一种管理教育方式，不懂得变通，就会发现与孩子间的矛盾越来越多，越来越觉得孩子难管教。

刘小威今年3岁了，妈妈明显感觉他变得越来越不听话。

"你这个孩子真是越长大越难管，就不能让我省省心吗？"刘小威又不吃饭了，只管玩玩具，妈妈跟在后面端着碗，希望他能吃口饭。

"我现在就不吃，我也不用你喂，一会儿我自己吃。"小威根本不把妈妈的话当回事。

没办法，妈妈只好放下碗，等着小威。

过了一会儿，小威显然是玩累了，自己端着餐桌上的饭开始吃起来，丝毫不用妈妈管。虽然他把饭弄洒了很多，但妈妈却很欣慰。

之后，妈妈就改变了对小威的教育方式，不再把他当做什么也不会的小孩子。

孩子在不断成长，不断变化，很多时候，父母会忽然发现，今天的孩子已经不是昨天的了。孩子的心理在不断变化，父母的教育当然也要跟着变了。

建议三：提前预防不同年龄段容易出现的心理问题

教育孩子是一个复杂的过程，每个孩子的心理特点都不一样，孩子出现的问题也不尽相同。但在了解孩子心理发展规律的基础上，能够提前预防孩子容易出现的心理问题。

周兴妈妈很早就听其他同事说过，孩子3岁时，是性格初步完善的关键期，这个时期不能过多约束孩子的行为，而要鼓励孩子自己动手，多和外界接触，否则孩子很可能会变得孤僻、不合群。

周兴3岁时，妈妈为了他早点融入未来的"小集体"，经常带着周兴出去玩，跟小朋友接触，跟陌生的阿姨叔叔接触，教会周兴如何跟其他小朋友玩才能玩得更高兴。

周兴妈妈这么做的最明显的好处就是，周兴很快就适应了幼儿园生活，没有因为环境的变化而变得无所适从，变得孤僻、不合群。

提前做好预防孩子阶段性心理问题的工作，会让孩子在成长中少受各种心理问题的困扰，有助于孩子身心健康的发展。

孩子个性变化快——了解孩子的个性心理

教子实例

上幼儿园之前，张硕是个活脱脱的淘气鬼，没有一刻能安静下来。妈妈经常逗张硕："你呀，上辈子肯定是匹脱了缰的野马，所以这辈子才这么难管教。"

张硕丝毫不理会妈妈的话，照样每天闹得天翻地覆。

上了幼儿园一段时间，张硕的个性慢慢开始收敛，甚至有些沉默寡言，变得越来越乖巧，妈妈感觉很高兴。

可是不久，妈妈就发现张硕的个性有些过于安静了，完全没有了之前朝气蓬勃的样子。妈妈特别纳闷，为什么张硕的个性变化这么大呢？

心理分析

差不多到3岁的时候，孩子的独立个性就基本形成。孩子年龄小，最初形成的性格并不稳定，随着环境或人物不断变化带来的影响，孩子的个性也会发生变化，个性并不是一成不变的。

父母要懂得接受孩子的个性变化，随着个性的变化调整合适的家庭教育方式。总之，孩子在幼年时期，个性的变化虽然较快，但依然是种正常行为。这段时间是纠正孩子个性、培养孩子良好个性的关键时期。

父母是孩子最好的榜样，家庭教育对孩子个性的塑造起着至关重要的作用。父母个性不好，必然会影响孩子。父母要有意识地纠正自我，不要在孩子面前暴露过多的个性弊端，以免让孩子模仿。

还有的父母喜欢拿自己孩子的个性跟其他孩子做比较，甚至强迫孩子改正，这种强硬的个性塑造手法，只会让孩子形成明显的缺陷性格。

孩子的个性也需要父母进行引导和训练，在这个过程中，父母要尽可能地培养孩子乐观积极的性格，帮助孩子克服个性上的缺点，这会让孩子受益一生。

俗话说得好："3岁看大，7岁看老"。学龄前是培养孩子稳定、积极个性的最好时机。父母要及时关注孩子的个性变化，了解孩子的个性心理，引导孩子塑造良好的个性。

给父母的建议

在孩子性格塑造的关键期，父母要给予关注，了解孩子的个性发展方向，及时引导孩子塑造健康个性。

建议一：父母要及时注意孩子的个性变化

对孩子来说，他们对现实的态度是不稳定的、是善变的，遇到有些事不知如何做出相应的反应。

随着现实的变化，孩子的个性自然也会变化。个性可能会变好，但也可能会变糟，父母要及时注意孩子个性的变化，才能想法引导，才能调整正确的教育方式。

孩子个性的完善塑造阶段，如果没有父母的特意引导，容易有缺陷。如果粗心大意的父母忽略了这个阶段，在以后是很难补救的。

建议二：父母要为孩子做榜样

父母要想孩子有个好性格，自己就必须先做到。孩子的性格出了问题，往往要先从父母身上找原因。父母个性温和，谦逊有礼，孩子的性格自然也不差。反之亦然。

总之，父母的个性如何，对孩子个性的形成有着深远的影响，父母要做好榜样。

陆琪第一天上幼儿园就被老师认命为小班长，她落落大方，谦逊有礼，很受大家的喜爱。陆琪的妈妈在一旁很高兴。

陆琪妈妈告诉大家："陆琪的个性很随我，平时在孩子面前，我总是特别注意自己的行为举止，就怕影响孩子个性的形成。"

从父母的个性中，就可以隐约读懂孩子的个性，他们之间有着千丝万缕的关系。父母是孩子最初学习模仿的对象，所以要为孩子树立榜样，不要因为自己而影响孩子个性的发展。

建议三：刻意培养孩子的良好个性

在孩子的成长过程中，父母要有意识地加强孩子的个性锻炼，帮助孩子发扬长处，克服缺陷。平时要多给孩子提供锻炼的机会，孩子不同于大人，不会有意识地去完善个性，只能被动地接受。

在刻意的训练和培养中，力争让孩子变得积极、乐观、坚毅、勇敢等等。

张青有个绰号叫"哈哈"，顾名思义，他不管遇到多难的事情，都能"哈哈"一笑，很少有悲伤难过的时候。

这源于妈妈的教育，妈妈总是告诉他，要个性乐观，如果悲观失望，不但不能解决问题，反而会使问题变得更加严重。

经过妈妈长期的鼓励和锻炼，张青的个性变得积极乐观。

很大程度上，孩子的性格与遗传没太大的关系，而是培养出来的。父母如何培养，对孩子个性的形成起着至关重要的作用。

总是惹麻烦——了解行为背后的心理

教子实例

王丫丫3岁了，是妈妈眼里的"麻烦精"。平时，妈妈让丫丫往东，她偏偏往西；给她穿上鞋子，她立马就脱了；阳台上的花儿，也常常遭到丫丫的毒手，被摧残得不成样子。

有一次，妈妈听见一声巨响，出来一看，客厅里的书架倒了，上面的书散落了一地。丫丫站在椅子上，还冲着妈妈嘻嘻地笑。

妈妈气急了，随手拿起地上的一本书，就向丫丫的屁股招呼了几下子。丫丫一边挣扎，一边大哭。

惹麻烦的丫丫，真是让妈妈伤透了脑筋。

心理分析

父母要了解适龄儿童的心理和行为。父母和孩子之间的矛盾，往往是因为父母按照自身的想法来要求孩子。最后，父母的教育方式不适合孩子的心理状况，就产生了矛盾。

很多父母不了解孩子行为背后的心理，一直按照自己的心理来要求孩子。孩子一惹麻烦，父母就开始批评教育，或者惩罚责骂。

这样做往往给孩子的心灵带来了创伤。为了塑造孩子的健康心理，父母非常有必要了解一下孩子行为背后的心理。

孩子的哪些行为是正常的，孩子在某个年龄段心理变化是怎样的，父母要了如指掌，不能按照成人的方式去教育孩子。凡事多站在孩子的角度去分析问题，去揣摩孩子的心理动机，如此，才能更好地理解孩子的某些行为。

心理学家认为，家庭教育实质上是对孩子的行为进行分析，然后加以纠正和完善，让孩子达到较好的状态。这就告诉父母，在教育孩子时，把孩子的行为和心理动机要分开对待。纠正孩子的行为时，不要否定孩子的心理品行。

找出孩子的行为动机，才能更好地满足孩子的心理需求，也才能顺利地纠正孩子的不良行为。

给父母的建议

孩子还比较幼稚，思维也不健全，有些行为是父母无法认同的，甚至是非常讨厌的。面对孩子的不良行为，父母要如何帮助孩子正确纠正呢？

建议一：不要不分青红皂白地惩罚孩子

孩子惹麻烦了，父母的第一反应就是批评责骂，有时会把孩子的行为渲染得非常恶劣，把孩子等同于坏人。

其实，品德有问题的孩子很少，孩子惹祸只不过是某种心理在作祟。父母的惩罚或许可以纠正孩子的行为，但无法满足孩子的心理需求，即使一时有效，也是治标不治本。

父母的惩罚，严重的会影响孩子的心理，让孩子选择破罐子破摔，如此，孩子会产生严重的心理问题。

建议二：透过行为了解孩子的心理

孩子的心理是其行为的动机，有时只看孩子的行为，并不能教育好孩子。例如：有时孩子说谎并不是为了欺骗父母，故意掩藏什么，而是怕父母失望，或者怕负责任。如果不了解孩子的心理，父母很难会明白孩子为什么会这么做。

张洋是个6岁的小女孩，她有个3岁的弟弟，两人同在一家幼儿园上学。最近，张洋总是想出各种办法不去幼儿园，这下可急坏了妈妈。

妈妈认为，张洋讨厌幼儿园，肯定是发生了什么事情。于是就和老师联系，结果被告知并没有特殊事件发生。

后来，妈妈抛开了所有情绪，平心静气地跟张洋谈心，最后张洋才说出了，她不想去幼儿园是因为还要照顾弟弟，弟弟老缠着她，让她很烦。

孩子不能像大人一样，把所有事都做得很周全，能直接解决自身的问题。父母只有了解了孩子的心理，才能明白孩子行为的真正用意。

建议三：父母要满足孩子的心理需求

很多时候孩子的心理需求得不到满足，就会做出一些不好的行为。对于孩子的合理需求，父母要尽量满足，不能对孩子束缚太多。

不少父母，为了将孩子塑造成理想中的样子，总喜欢习惯性地拒绝孩子的心理需求，久而久之，孩子就会出现不良行为。

周泽4岁了，是爸爸妈妈的心头宝，他总是习惯性地黏着妈妈。只要妈妈离开一会儿，他就又哭又闹，需要哄好久才能安静下来。

为了改变周泽的依赖行为，爸爸跟妈妈说："平时是你过多限制了孩子的自由，他才会这么黏着你，你一走开他才会痛哭。"

后来，妈妈鼓励周泽多出去跟小朋友捏泥巴、踢毽子、玩游戏，周泽有了自由，渐渐地不再黏妈妈了，一个人也可以玩得很开心。

周泽因为妈妈的束缚，失去"自由"，所以才把全部注意力放在妈妈身上，妈妈一走开他就又哭又闹。其实，这都是因为没有满足他的心理需求，才让他变得不安。

满足了孩子的某种心理需求，一些不良行为很自然地就会改正。父母要明白孩子的真正需求是什么，而不是一味地纠正孩子的某种行为。

换个环境就变化——了解外在对心理的影响

教子实例

陈君君从小就比较外向，4岁的他很喜欢和小朋友一起玩游戏。妈妈觉得这对成长很有利，总是鼓励她多玩。

这天晚上，妈妈带着君君参加了一个晚宴。宴会上也有许多同龄小朋友在玩，大家跑来跑去，很热闹。

但君君呢？只有他一个人不跟大家玩，而且看起来很紧张不安，躲在妈妈身后，扯着妈妈的衣角不撒手，连招呼都不愿意跟别人打。

君君一会儿紧张得口渴，一会儿要上厕所，弄得妈妈非常尴尬。妈妈不明白，在家活泼的孩子，怎么换个环境变化这么大？

心理分析

对孩子来说，从小跟亲人在一起，只有跟亲人待着才会觉得安全，忽然一换环境，接触陌生事物，孩子的熟悉感就被打破了。尤其是对于适应能力较差的孩子，外在对其心理的影响会更明显。

孩子进入新环境表现出紧张、焦躁、不安是一种正常行为。孩子忽然离开父母会哭闹，刚开始上幼儿园接触陌生环境会哭闹，这些都不是大问题，只要父母积极对待，就可以快速解决。

孩子对外界环境敏感，与家庭环境也有很大的关系。父母不要将孩子一直禁锢在家里，有时间要多带孩子出去玩玩，让孩子接触新鲜事物，提高对外在的适应能力。

父母不要让家里的气氛过于紧张、严肃，这对孩子的性格塑造极其不利，容易让孩子敏感、多疑、心理素质大大降低，更不容易适应新环境。

孩子因为外在影响而出现不适现象，有些父母会责怪孩子不听话，严厉命令孩子不许胡闹，甚至强迫孩子马上适应，这种做法很不利于孩子的身心发展。

外在环境变化后，父母首先不要大惊小怪，不要过多关注孩子的变化，尽量表现得自然一些，减少孩子的不适，并且尽量赶紧寻找让孩子熟悉的事物，以免孩子因为不适感觉恐慌。

积极、乐观、善于与他人沟通的孩子，往往对外在的适应能力更强，父母不妨多带孩子出去玩玩，从小培养孩子对外在的适应能力。如此，孩子才不会因为外在影响而局促不安。

给父母的建议

外在环境对孩子的心理影响是存在的，父母不要掉以轻心，忽视这种影响。最好要时刻防备，多锻炼孩子这方面的适应能力。

建议一：外在环境变化后不要过分关注孩子

孩子出现不适状况，父母必须要给予关心，但这种关注要适度，不要把全部注意力都放在孩子情绪变化的负面影响上，如此，反而强化了孩子的不适行为，让孩子更加紧张不安。

不要过度关注孩子，应该学会转移孩子的注意力。等过段时间，孩子也许就可以适应了。平时也不要把"新环境"、"新地方"挂在嘴边，这些词也会刺激孩子的不安感觉。

建议二：尽快帮助孩子营造一个熟悉环境

既然孩子学会适应新环境是必需的，孩子成长不可能只会在一个地方，重要的是，父母要尽快帮助孩子营造熟悉的环境，让孩子对新环境产生感情，从而更好地适应。

如此，孩子慢慢对外界就不再敏感了，接触新事物时，也会依葫芦画瓢，寻找积极有趣的一面。

齐旺旺3岁的时候，一家三口高高兴兴地搬到了新家。但高兴之余，也有一些不快。旺旺来到新家，总是闷闷不乐，晚上有时还会做噩梦。

妈妈为了让旺旺尽快适应新环境，就带着旺旺熟悉新的地方，带着他去有意思的地方玩，去吃附近好吃的东西，结交朋友。还把旺旺平时最喜欢的玩具放在了他的床上，慢慢地，旺旺就变得很快乐。

"旺旺，这部电影好看吗？"旺旺最喜欢看电影，妈妈就带着他来到了附近的电影院。

"嗯，嗯太好看了，哈哈。"

就这样，妈妈尽快给旺旺营造了熟悉的环境，旺旺高兴多了，再也不嚷嚷着要"回家"。

让孩子忘掉陌生最好的方法就是让孩子尽快熟悉，与其不断地给孩子做思想工作，不如带着他尽快去熟悉新的外在环境。

建议三：注意引导、锻炼孩子的适应能力

父母不能强迫孩子拒绝怕陌生，要从心理上认可孩子的行为，才能正确解决。父母平时多带孩子去接触陌生环境，陌生的公园、陌生的广场，去陌生的地方接触陌生的人。也可以带着孩子去别人家做客，孩子习惯了，胆子自然就变大了。

在锻炼孩子对外的适应能力时，不要太过急切，要尊重孩子的意愿。研究证明，在不受威胁的情况下，孩子接受外在的能力会变强。

叮当开始上幼儿园时，经常会大哭大闹，不愿意留在幼儿园里。妈妈为了让叮当顺利适应，早早就开始锻炼叮当。

　　每次，从幼儿园经过时，妈妈会带着叮当，站在大门外面看其他小朋友快乐地做游戏。

　　"叮当，你看大家玩得是不是很开心啊？"妈妈开始诱导叮当的认同感。

　　"嗯，是挺好玩的。"叮当都有些羡慕其他小朋友有玩伴了。

　　"那你以后会不会喜欢来这里啊？"

　　"妈妈，我也可以来这里吗？我什么时候才能来？"

　　在妈妈经常性的鼓励诱导之下，叮当是全班孩子里适应新环境最快的孩子，这些都得益于妈妈平时的锻炼和引导。

　　锻炼孩子对新环境的适应能力，让孩子尽早明白新环境对他不会产生威胁，同时要让孩子在新环境中发现快乐。

第02章

爱玩是孩子的天性——
让孩子拥有快乐的童年

孩子是个淘气包——孩子淘气是为啥

教子实例

张平刚刚上幼儿园，每天放学后，都有一大帮的小朋友来找他玩，他基本上是书包一放，就没人影了。

每次张平玩完回家，都是大汗淋漓的。妈妈问他都做什么了，张平总是快速地答道："玩游戏。"

妈妈认为，孩子小喜欢玩是很正常的，可张平玩起来总是太疯狂，不是忘了回家，就是把什么弄得脏兮兮的。

妈妈还想要让张平学习一些小学知识，可张平总是坐不住，时不时地起身玩玩玩具、四处走动，妈妈觉得孩子实在太贪玩了。

心理分析

德国心理学家海查曾做过一个试验：他把2至5岁的200个儿童分为两组，做了长期的跟踪调查。结果显示，在反抗性强的儿童中，有84%的人具备果断的判断力和意志力，而反抗性不强的一组只占24%。

上述研究验证了中国的一句谚语："疯丫头出巧的，淘小子出好的。"原来，前人早就发现，孩子的调皮、贪玩并非坏事。

父母常把孩子爱蹦、爱跳、不顺从父母，称之为"淘气"。殊不知，这正是孩子幼稚天真、活泼好动、精力充沛的表现。

孩子的新鲜感强烈，凡事都想实践一番。儿童的大脑抑制能力不如成人，会表现得活跃、不稳定、易激动、不听话，也就是贪玩、爱动、淘气，这是正常的儿童心理特点。淘气孩子对外界事物的反应更强烈。

淘气的孩子和同龄人相比更喜欢玩，好奇、好动、好构建、好破坏，特别以自我为中心，缺乏自控能力。父母要知道，这种个性其实是一座宝藏，父母要小心地发掘。如果教育不当，淘气的孩子会向坏的方向发展，变得不爱学习，不听教导，最终荒废了人生。

调查显示，贪玩的孩子做事有目的性，他们总是在重复做一件最感兴趣的事。一旦进入，就会很执著，不达目的不罢休。一个顽皮的儿童，在严肃、陌生的环境中，会更有自我控制能力。这些特点，都有利于父母培养"淘气"孩子的优良品质。

孩子淘气、贪玩本是天性，有好有坏，就看父母要如何引导了。良好、正确、健康的教育方式，能够让贪玩的孩子变成"宝"，不当的方式，只会让他们走向叛逆、不务正业，荒废一生。

给父母的建议

家有调皮、贪玩的孩子，父母要高兴地去面对。贪玩不是罪，贪玩并不代表没出息，玩出大名堂的孩子大有人在。

建议一：打破思维定式，用新眼光看淘气

淘气孩子给家庭带来了麻烦，让父母非常头疼，大多数父母看到的只是负面影响。淘气孩子还背负着家庭的期望，要出人头地、出类拔萃，如此一来，一些正常的贪玩也成了"淘气"。

黄林是个"淘气包"，上课不认真听讲，作业不好好写，饭不好好吃，整天跑到小卖店买零食、玩具，还爱和人打架。

这天，邻居小东过来告状："叔叔，黄林抢了我的溜溜球。"爸爸看着黄林，厉声问："怎么回事？"

黄林说："我看到小东的溜溜球裂了，就拿到手里想帮他粘一下。"爸爸一听，立刻笑了，告诉黄林下次帮助别人时，要告诉别人理由。

有很多父母并不像黄林的爸爸那样，因为思维定式，常常误解孩子，以为孩子太淘气，并且因此贴上"淘气"标签。

生活中，淘气的孩子需要父母鼓励、欣赏的眼光。一旦给孩子扣上大帽子，哪怕他做对了，父母也会吝啬笑容，继续训斥、责怪他。

父母要打破思维定式，不要总用恶意揣测"淘气"孩子，多给予他微笑、欣赏才能正确指引他。

建议二：给孩子信任，让他自发管理

淘气的孩子在家里，总会成为被动的接受者、旁观者。父母习惯于让他服从命令，不能乱来，这样一来，孩子就没有了被尊重的主人翁感觉。

淘气孩子获得的多是批评，父母若能信任他，对他充满希望，让他自发管理，会让孩子动力十足地去克服缺点、改变自己。

父母别怕孩子淘气，孩子爱玩、爱动、爱闯祸，要给他一份去玩、动、闯祸的自由。如果真的错了，父母不批评，孩子也会受到自然惩罚。

例如，他打碎了玻璃，会有主人来索赔。孩子在这类惩罚中，能够真切悔悟，知道自己错了。

建议三：尊重孩子的"痴迷"，挖掘兴趣、特长

研究显示，贪玩、淘气的孩子，往往行事更有目的性，能够"痴迷"。这种特性，是挖掘孩子兴趣、培养特长的优良品性。父母要做个有心人，仔细观察孩子在迷恋些什么，能否发展为一门兴趣、特长。

陈同是个淘气包，他没事就在家又拆又敲的。一天，他看到爸爸的金表忘带了，就好奇地拿来拆。不到十分钟，他就成功地打开了后盖，拿出了一个个小齿轮。

爸爸一回家，就看到了金表的"残尸"。他气得真想上去给陈同一耳光，但是看到儿子那么专注，他忍住了。

后来，爸爸给陈同买了关于组装的书，陈同果然特别感兴趣。

某些孩子对某些方面过于沉迷、专注，往往造成了"淘气"。一旦孩子进入自己喜欢的领域，就会特别自我，对他人的评价、训斥的反应都很淡漠。

这些孩子会表现得只顾自己的意愿，自己管自己做的事。父母总会认为，孩子是越来越不听话了。

孩子对不能掌握的事情好奇，本是一件好事，这是一种探索、练习。父母换个角度想，就会发现，孩子是有自己的兴趣了。

任何一种"痴迷"，都反映出一种兴趣，父母抓准了这个兴趣点，并进行鼓励、培养，就能让孩子多一门特长了。

建议四：不随意批评、压制淘气

孩子贪玩、淘气，不能随意批评、压制。父母一批评、压制，更容易让孩子产生强烈的逆反心理和挫折心理，不利于孩子健康成长。

刘佳特别爱唱歌，每次回家都要听歌碟。爸爸看到这种情景，就强制她关电视，让她先写作业。刘佳恨得牙痒痒的，她大声地唱道："刘爸爸，我恨你，恨着你，就像老鼠恨着猫。"爸爸听后却笑了，他没想到女儿还这么勇敢、率直。

不一会儿，爸爸走进书房说："佳佳啊，爸爸知道你讨厌我不让你听歌。这样吧，以后，你只要做完作业，想唱多久就唱多久，我不管制你了。"刘佳听后，高兴地一跃而起说："太好了，你终于被我的歌声打败了。"

孩子具有很强的可塑性，任何一个调皮、淘气的孩子，在适当的教育方式和环境下，都能顺利地发展个性，有一番作为。

父母不要随意批评孩子淘气，没有不淘气的童年。孩子受到压抑后，会形成一种挫败心理，认为自己事事不好，甚至自认为人生很失败，很悲观。

总爱捡东西——孩子在认识世界

教子实例

李子妈妈给上幼儿园的李子收拾书包，从书包里摸出一块橡皮泥，妈妈仔细端详了半天，也不像是自己给李子买的。紧接着，妈妈又摸出了一个非常小的恐龙小玩具，脏兮兮的，一看就是从街上捡回来的。

"李子，这块橡皮泥是哪里来的？妈妈给你买的不是这样的。"妈妈问正在整理书本的李子。

"那个，那个是小朋友送给我的。"李子支支吾吾的。

妈妈知道李子在撒谎，不禁更生气了："是哪个小朋友送给你的？我打电话问问他妈妈。"

李子有些慌张，最后只能老实承认，那块橡皮泥是从街上捡来的。

"妈妈告诉过你多少次了，大街上的东西不能随便乱捡，上面全是细菌，你就是不听。"妈妈一直告诫李子不要随便捡东西，可李子一直记不住。

心理分析

三四岁的孩子总喜欢在外面捡一些"垃圾破烂"，还当做宝贝一样来喜欢。树叶、小螺丝、石头、瓶子盖都是孩子眼里的宝物，他们对这些可谓是情有独钟。父母强迫孩子扔掉这些破烂，孩子往往还不开心，还会大哭大叫来反抗。

其实孩子喜欢捡东西是一种用手探索世界的行为。孩子对世界充满了好奇和求知欲望，手和嘴是认识世界的延伸，所以孩子喜欢用手捡一些不同的东西，来感觉不同事物的形状和质感，满足自己的好奇心。

一些父母不喜欢孩子捡东西，是担心来路不明的东西上全是细菌，给孩子的健康带来威胁。因为有些孩子还喜欢把捡来的东西放进嘴里，这个举动是父母尤其不能忍受的。

其实，孩子捡东西有其有利的一面，孩子通过观察接触捡来的不同东西，能很好地锻炼观察能力和手眼的协调能力。"手随心动"对孩子的成长非常有利。所以，父母不要一味地对孩子说"不可以"。

为了既满足孩子的好奇心，锻炼孩子的协调观察能力，又不影响孩子的健康，父母应该给孩子做一些引导，给孩子创造合适的环境，不要让孩子捡那些真正的脏东西。

总之，喜欢捡东西是孩子的天性，在大人眼里一些毫不起眼的小东西，都被孩子视若珍宝，摆弄、观察、欣赏是孩子成长发展的过程。父母不要一味阻止，而要适当地引导鼓励。

给父母的建议

孩子对新奇的世界充满了好奇，喜欢用手和嘴来认识感受这个世界，因此捡东西的行为也无可厚非。那父母应该怎么面对喜欢捡东西的孩子呢？不妨看一下以下几条建议。

建议一：让孩子明白捡到的东西不能放进嘴里

很多时候，父母最担心的是孩子把捡到的东西放进嘴里，细菌进入孩子体内，导致各种疾病。

因此，父母要时常提醒孩子，捡东西可以，但千万不能把捡来的东西放进嘴里，否则生病了就得去医院打针。

父母要多提醒孩子几次，不要把捡来的东西放进嘴里，孩子慢慢就会记住，不再犯类似的错误。

建议二：把捡来的东西洗干净再让孩子玩

如果不让孩子捡东西，一方面孩子会大哭大闹，另一方面也会让孩子失去成长锻炼的时机。父母可以把孩子捡来的东西洗干净再让孩子玩耍，这样可以减少孩子被细菌伤害的危险。

葛舟舟最近喜欢从外面捡东西，别人不要的小玩具，小弹珠，小石头，小木棍经常被他当做宝贝捡回来。妈妈非常头疼。

有一次，妈妈趁着舟舟不注意，偷偷把捡来的东西扔掉了。谁知，舟舟回来看不见他的"宝贝"就跟妈妈吵架，气得坐在地上哇哇大哭。

没办法，妈妈只能给他捡了回来，舟舟这才破涕为笑。后来妈妈就把那些东西全部放在盆子里洗，然后再给舟舟玩。

孩子不总是无理取闹，只要满足了孩子的心理需求，孩子会很乐意地配合父母，听从父母的要求。

让孩子知道捡来的东西不干净，需要彻底清洗才能玩。只要有这种意识，孩子慢慢就会改掉爱捡脏东西的习惯。

建议三：给孩子创造一块捡东西的净土

孩子有时会捡一些别人扔掉的烟头或用过的牙签，这些东西非常脏，决不能让孩子捡拾。父母可以有意识地给孩子创造一块捡东西的净土，这里不会有很脏的东西。

例如带孩子去沙滩玩沙子，去大自然中玩，或者在家里放一些孩子感兴趣的小玩意，让孩子来"捡"。这样做真可谓是一举两得。

陈辉最近喜欢上了玻璃弹珠，放学后总喜欢去操场捡珠子，每天回来都很晚，而且有时睡觉时都拿着脏兮兮的珠子。

周末放假，灰灰还吵着要去上学，妈妈知道，他要去捡珠子。于是，妈妈偷偷出去买了一些玻璃弹珠，悄悄扔在家里的地板上。陈辉发现了，很高兴，就在家里的角落里找了起来。再也不吵着出去捡东西了。

聪明的父母不会轻易抹杀孩子的探索观察能力，不会让孩子在成长过程中失去自由和乐趣。有意识地给孩子创造捡东西的净土，对孩子的成长发展会更有利。

家里有个"人来疯"——孩子只是爱表现

教子实例

袁婷婷今年6岁，是个挺懂事的孩子，平时父母工作太忙，她可以一个人在家里不吵不闹，自娱自乐。不过，只要家里一来客人，问题就出来了。

如果来客有小朋友，婷婷就会拉着小朋友跑上跑下，搭积木、捉迷藏、做运动，满屋子折腾。就算父母说些什么，她也全都不听。

这天，一个阿姨带了个哥哥来家里，婷婷不仅把自己所有的玩具统统拿了出来，还拉着小哥哥在床上跳来跳去，家里的床单、被单上留下了一个个清晰的小脚印。

妈妈实在生气，就把婷婷拉到一边揍得大哭，弄得大家都很尴尬。可下次家中来客人时，婷婷依然是个"人来疯"。

心理分析

有的孩子平时挺听话，规规矩矩，很乖巧可爱。可是家里一有客人来，孩子就一反常态，表现得特别淘气，有时把玩具丢得满屋子都是，或者在客人面前跑来跑去，显得很"野"，弄得父母很尴尬。

人们一般把这种情形称为"人来疯"。它带有一定程度的普遍性，它的形成也不是偶然的，和孩子的心理发育有着密切的关系。

孩子在2岁左右已开始将自己和周围客体区分出来。这以后，独立的自我意识日益增强，他们开始有强烈表现自己的欲望，想方设法让别人注意自己。这就是心理学中所说的"孩子自我中心"的表现。

在平时，这种需要总能得到满足，尤其是现在独生子女家庭越来越多，父母对孩子爱怜倍加，对孩子的要求总是设法满足，对孩子表现的行为尤为放任，一味鼓励而不加以引导，这就为"人来疯"埋下了"隐患"。

3至4岁的孩子在家中没外人时很听话，而有客人来时或父母带他到别人家玩时，变得不听话，不懂礼貌，对父母的批评置之不理，让父母感到很没"面子"，甚至陷入把大家都搞得不愉快的窘境。

究其原因，是孩子对事物心生好奇，追求刺激和变化，在外生人面前要显示自己的存在，因此会有一些"叛逆"行为。

要改变孩子的"人来疯"举动，父母必须在平时的家教上下功夫，采取宽严适度的教育方式。

给父母的建议

建议一：平时要及时制止孩子的不良行为

平时对孩子的行为，特别是一些不良的行为，不能过分娇宠、放纵，需要教育、管制的言行就要及时教育制止。

父母一定不可助长孩子"以我为中心""我说了算"的心理。而要让孩子意识到自己的不良行为，久而久之，孩子的自制力也会增强。

建议二：要注意孩子良好行为规范训练

光告诉不该做什么还不行，还要告诉孩子应该做什么。在客人到来之前，告诉孩子应有的礼貌举止。

每次客人走后，对孩子的表现要给予反馈，孩子表现好，要及时地肯定和鼓励；孩子表现不好，则给予批评，并再次强调正确的行为方式。

建议三：来客人前让孩子做好心理准备

当家中有访客时，父母需要事先告知孩子，让孩子有心理准备，包括知道访客的名字，有多少人会到家中。当客人来到家中时，向孩子介绍客人，也向客人介绍孩子，建立双方的熟悉感。

再者，可邀请孩子参与大人的聊天，亦可请孩子帮忙准备茶点，并做小小向导，介绍家中的陈设，或是分享照片等。如此，不仅可以建立孩子的自信心，也学习了基本的社交礼仪。

建议四：让孩子充当招待客人的小助手

客人到来之前，父母可以先给孩子介绍一下客人，让孩子作为小主人参与招待工作。"请你帮我摆好椅子，想想让客人坐在哪里？"

客人来后,可以让孩子端水果,把客人也作为孩子的客人,孩子能逐渐学会社交礼仪。时间长了,孩子就会知道有客人来时自己该怎么做了。

建议五:转移孩子的兴奋点

如果成人间的谈话确实不适合孩子加入,可以转移孩子的兴奋点。如"你喜欢的动画片开始了!""现在大人们需要单独谈话,等我们说完了再来陪你玩,好吗?"

孩子的特殊行为多半有迹可循,父母只要多一些观察,就可以找到孩子失序的原因,提供适当的引导,孩子就可以逐渐改善。

父母不需要过度心急,孩子的改变需要时间,只要耐心地教导和等待,孩子一定会有所改变的。

孩子喜欢模仿别人——模仿是天性

教子实例

刘萌萌今年3岁半了,却是班里出了名的"鹦鹉小八哥",特别喜欢模仿小朋友。妈妈很头疼,几乎逢人就说这件事。

在幼儿园里,有小朋友口渴了跟老师要水喝,他也要;有的小朋友想吃苹果,他也跑到老师跟前张开手要。

别人正在玩玩具,他同样不甘落后,非要跟大家一起玩,要是不让他玩,他就会哇哇大哭,最后谁也玩不好。

妈妈告诉他:"幼儿园的好玩具还有很多,不要跟别人玩一样的。"

萌萌把头摇得跟拨浪鼓似的:"我不要,我就要跟别人玩一样的,别人玩什么我也得玩什么。"

其他小朋友把手里的玩具让给萌萌,他就会扔掉,继续盯着其他小朋友接下来要玩什么玩具。妈妈真不能理解,为什么萌萌这么喜欢模仿别人呢?

心理分析

孩子喜欢模仿别人是一种正常现象，在成长过程中，每个孩子多多少少都会出现这种状况。开始模仿别人，说明孩子开始有了自己的理解能力。

孩子通过模仿可以获得很多能力。比如：模仿大人学说话，模仿电视里的人物做动作，模仿其他人搭积木等等。

三四岁之前会出现这种情况，父母不要过分担心，但三四岁之后孩子依然过分喜欢模仿，父母就要提高警惕了。

一味模仿别人，会影响孩子能力和智力的发展。试想，孩子过多的注意力都在外界环境的变化上，那么他必然会很少关注自己的内心变化和需求，忽略了自己本身的想法，只会模仿别人。

孩子只有懂得自己独立思考，时刻关注自己的心理需求，才能发挥自身的主观能动性，才能很好地发挥自己的优点和特长。否则，很容易在模仿过程中失去自己原有的优势。

没有人愿意跟喜欢模仿的孩子在一起，孩子模仿他人，必然会发生各种矛盾和冲突，影响孩子的人际交往。慢慢的，孩子会变得越来越不合群。严重的话，孩子容易变得敏感和多疑，不利于身心的健康发展。

父母要时常关注孩子的行为习惯，在孩子总是模仿别人时，想法制止这种不良行为，帮孩子找回独立思考、关注自己内心需求的能力。不要做人云亦云，随波逐流的大众派。

给父母的建议

面对超级爱模仿的孩子，父母难免会感到手足无措。不过，并不需要过度担心这种情况，只要父母合理引导，慢慢纠正，孩子喜欢模仿的行为会慢慢改掉的。

建议一：在平时多多肯定孩子想法的独特性

孩子喜欢模仿别人往往是看不到自己想法的价值所在，他不知道拥有独特的想法、有新的见解是见多么难能可贵的事。甚至有些孩子还认为，自己跟别人不一样，就证明自己做错了或认为自己做得不好。

父母要打破孩子这种错误的思维，多肯定、表扬孩子想法的独特性。

4岁的杜月如是个非常招人喜欢的小女孩，在幼儿园里，她是很多小朋友眼里的"风向标"，她学习做事都有自己独特的方式，小小年纪的她跟大人一样有自己的想法。

月如妈妈怕孩子一味模仿别人，所以从小就有意识地锻炼月如独立自主的思维能力，让她多多关注自己的思维和内心的想法。

平时，妈妈总喜欢陪着月如玩积木，月如每次摆完不同的造型，妈妈都会大大表扬她，肯定她。

月如听了之后非常高兴，越来越喜欢自己独立思考，不轻易模仿其他人的行为举止。

孩子是一盆盆栽，需要父母去修剪。父母平时有意识地锻炼孩子的独特性思维，很容易让孩子成为有独特见解的人，不会成为"模仿达人"。

建议二：在模仿中锻炼孩子的能力，纠正孩子的错误

想要完全杜绝孩子的模仿能力是不可能的事情，孩子天生就有十足的好奇心。面对孩子出现的模仿错误，父母要及时纠正。在这个过程中同样可以锻炼孩子的独立能力。

孩子喜欢模仿和观望，孩子的一些知识是在模仿过程中学会的，性格也会受到模仿的影响。父母要慎重纠正孩子的模仿行为。

张赫最近怪怪的，每次妈妈打电话时，他都站在一旁，用好奇的眼光看着。起初，妈妈也不以为意。

后来，那个月家里的电话账单出奇的多，妈妈吓了一跳，特意去营业厅查了话费。发现拨出去的好多号码都是不认识的，甚至还有几通国外的电话。

妈妈冥思苦想，也不知道是怎么回事，后来，无意中撞见了偷偷打电话的张赫。张赫正有模有样地拨通电话，自言自语地说话。

妈妈没有批评张赫，而是教他如何正确使用电话，并告诉他电话是要收费的。就这样张赫学会了正确打电话。

并不是说所有的模仿都没有好处，关键看父母如何让孩子在模仿中锻炼能力和独立的思维方式。模仿是天性，也是父母教育孩子的有效方式之一。

建议三：培养孩子的独特见解能力，自己的事情自己做

现在独生子女特别多，很多时候，孩子的事都不需要亲自动手，父母或爷爷奶奶就会给包办。

长此以往，孩子就学会了偷懒。慢慢的，思维也就容易懒惰，从而就越来越喜欢模仿别人的做事方式，不愿意花费心力去开拓新的方式。

所以，平时生活中父母要有意识地锻炼孩子的独立能力，鼓励孩子自己的事情自己做。在做事的过程中，孩子的能力和思维都会得到锻炼。

有独特见解和做事方法的孩子，不会轻易模仿别人。

喜欢玩锅碗瓢盆——给孩子最简单的快乐

教子实例

李壮壮是个3岁的小男孩，长得粉雕玉琢，非常可爱。他2岁的时候就喜欢跟着妈妈进厨房玩。每次厨房传来叮叮当当的声音时，壮壮就会兴奋地跑进去，开心地又笑又叫。

有时候，他还会踮起脚尖，一会儿碰碰这个，一会儿摸摸那个，最喜欢拿着锅盖在厨房里敲敲打打，声音越大，他就越高兴。

妈妈非常不喜欢壮壮在厨房里玩锅碗瓢盆，有时不是摔了碗，就是扔了锅盖。最重要的是厨房比较危险，有菜刀，有煤气，壮壮进来之后很容易受伤。

有一次，壮壮踮着脚拿锅盖的时候，不小心被刀子划伤了手，妈妈气急了，顺手就打了壮壮一巴掌，把他拎出了厨房，并大声斥责他："以后你再也不许进厨房玩锅碗瓢盆，否则我就打你的手。"

之后，壮壮吓得再也不敢来厨房一步了。

心理分析

对孩子来说，厨房是个非常神奇的地方，里面不但有好玩的锅碗瓢盆，还能做出美味的食物，所以不少孩子都喜欢进厨房玩耍。这是孩子有好奇心的表现，父母不需要大惊小怪。

在孩子眼里，并不是父母认为的漂亮玩具或新衣服才能带给他们快乐，很多家庭用品在他们看来都是好玩的东西。

父母要学会在平时的生活中锻炼孩子的能力，让孩子感到快乐。事实证明，孩子的智慧能在自由自在的玩耍中得到提高。

作为父母要理性地看待孩子的这种行为，不要断然拒绝，在恰当的时候，父母还要带着孩子一起玩，在玩耍的过程中孩子会得到无限快乐，还能提高动手能力和思维能力。孩子对家庭用品感兴趣是好事，父母适当地顺势引导，让孩子在玩耍的同时还能学到知识。

父母一味地拒绝让孩子触碰家里的锅碗瓢盆或其他生活用品，孩子会变得束手束脚，会失去很多获得欢乐的机会。家里对孩子来说，应该是最能得到欢乐的地方，而不是行为的禁忌场。

总之，父母要科学地看待孩子喜欢玩类似锅碗瓢盆之类生活用品的行为，不要过分阻止，也不能一味放纵。

给父母的建议

父母在允许孩子玩生活用品时，要选择性地进行，结合孩子的性格喜好，让他们玩，满足他们的需求。

建议一：不要限制孩子的行动，要善于引导

孩子喜欢玩锅碗瓢盆，喜欢玩家里的生活用品，父母有时为了孩子的安全或其他方面的原因，会完全限制孩子的行为，不让孩子触碰，不让孩子把家里搞得很乱。这种做法不但限制了孩子成长的机会，很可能还会激起孩子的逆反心理。

孩子在触碰危险的东西时，父母要耐心给孩子讲解，或者亲自引导孩子该如何正确使用。这样既满足了孩子的好奇心，让孩子学会如何正确使用，还给孩子带来了无限的欢乐。

3岁半的冯牛牛跟其他同龄小朋友一样，喜欢在厨房玩锅碗瓢盆，喜欢把家里搞得乱七八糟，妈妈却从来没有批评过牛牛，每次都会耐心告诉他如何使用才会避免危险。

一次，妈妈新买了一个花色很好的瓷碗，牛牛非要玩。他拿着筷子"啪啪"地敲，玩得很高兴。妈妈在一旁告诉牛牛，制成碗的材料是瓷，用力击打就会碎掉，会划伤人的皮肤。之后，牛牛敲击碗时，力气明显就变小了。

牛牛一边玩，妈妈一边给他讲碗的用途。还告诉他，吃饭时敲打碗筷是非常不礼貌的。牛牛将妈妈的话记在了心里。

限制孩子的行为并不科学，善于诱导才是明智之举。在家里玩耍是孩子获得快乐的重要途径之一，一味地限制孩子的行为就等于剥夺了孩子的快乐。父母要善于谆谆诱导，让孩子在玩耍时增加知识。

建议二：父母尽量把不安全的东西收起来

虽然不能把所有带来安全隐患的东西全收起来，但父母要尽量减少生活中的不安全因素，减少孩子受伤的机会。例如：药物不要放在孩子能找到的地方；剪刀、刀具要藏起来；桌子、椅子不买带棱角的等等。

总之，虽然父母不能禁止孩子玩不该玩的生活用品，但一定要有耐心，为孩子构建较安全的生活环境。

建议三：孩子会玩，也要会收拾

孩子在玩家庭用品时，经常把家里搞得很乱，父母总是跟在身后收拾。其实，父母可以教会孩子自己"善后"，从小就要养成会玩也要会收拾的习惯。

孙涛刚刚4岁，经常在家里找出喜欢的东西，就开始放在地上玩耍。每次玩腻了，就放在地上不管了。

一次，涛涛在地上玩卫生纸，之后弄得乱七八糟就想睡觉去。妈妈拉过涛涛说："你看，你把地上弄得这么乱，你要自己收拾好，不然妈妈下次就不许你玩了。"

妈妈手把手地教涛涛整理卫生纸，涛涛很聪明，一学就会。之后他高兴地把卫生纸放在了桌上，还拍手说："我真厉害，我学会整理卫生纸了。"

对孩子来说，把玩过的东西整理好，也是一种快乐，关键看父母如何引导。让孩子养成自己整理善后的习惯，孩子会一生受益，同时减少了父母的辛苦。

建议四：不要让孩子养成破坏的习惯

让孩子玩锅碗瓢盆之类的生活用品，并不是让孩子学破坏，有些孩子在玩时，总是会把手里的东西弄坏，父母要注意孩子的这种行为。让孩子知道，破坏物品是错误的行为，在玩过物品之后，要完好无损地放回原位。

锅碗瓢盆可以成为给孩子带来最简单快乐的玩具，但一定不能成为让孩子养成破坏习惯的道具。

孩子总是跑来跑去——爱玩不是多动

教子实例

韩灵经常跟假小子一样，在家里跑来跑去，完全没有闲下来的时候。幼儿园的老师也反映，灵灵是个很聪明的女孩，但就是喜欢动，怎么也坐不住。

有一次，妈妈带着灵灵去公园里玩，那里有很多小朋友，大家在玩"123木头人"。灵灵也加入了玩的队伍。

游戏规则是大家一起喊："123木头人，不许动。"喊玩之后，就都停在原地，一动不动，谁要是先动了，就要接受惩罚。

妈妈观察发现，很多小朋友都能保持很长时间不动，但灵灵就不行，她总是先动的那一个。最后灵灵跑过来，委屈地告诉妈妈说："妈妈，我不玩了，大家都欺负我。"

妈妈听了，不禁更加担心灵灵，她是不是患有多动症？

心理分析

一般的，孩子好动是一种正常的生理行为。孩子比较小，大脑细胞非常活跃，是大人的两到三倍，所以孩子有时不能很好地控制自己的身体，就表现出多动的症状。除此之外，孩子对周围的世界总感到很新奇，想要不断探索了解，所以喜欢不停地跑来跑去。

国外专家研究证明，有些孩子停不下来，喜欢多动，也受遗传因素的影响。孩子内在处于焦躁不安的状态，只能通过多动来排解不安心理。

父母可以根据自己的性格特征来判断，孩子喜欢跑来跑去是不是受遗传因素的影响。通常，大人经常感到焦虑不安，孩子就容易多动。

总之，孩子喜欢跑来跑去，停不下来的原因有很多。例如：后天特殊的教育方法也会让孩子变得很活跃。因此，父母不要轻易下结论，认为孩子患上了多动症。要根据孩子的生理、心理特征，及生活环境来仔细判断，以免伤害孩子。

通常多动症的孩子都有这样的特征：说话不经过大脑、平时小动作很多、喜欢打断别人说话、容易被激怒、注意力难集中、做事冲动不计后果、学习不好、喜怒无常等等。父母不要只根据孩子喜欢跑来跑去停不下来，就认定孩子有多动症。

面对喜欢跑来跑去的孩子，父母需要花时间来了解他，关心他，探究一下孩子爱玩是什么原因造成的。孩子内心宁静，行为也会平和；内心焦躁不安，就会通过爱动来转移注意力。

每个孩子的身体状况和生活环境都不一样，爱动的原因也不尽相同，父母要多关注孩子的爱动行为，往往孩子不是多动，而是贪玩。

给父母的建议

面对喜欢跑来跑去，安静不下的孩子，父母要学会与孩子建立亲密关系，找到适合孩子的教育方法，不要一味苛责孩子。

建议一：用兴趣爱好锻炼耐心

喜欢玩是孩子的天性，遇到有意思的事情孩子会一直跑来跑去，兴致不败。父母可以利用孩子的兴趣爱好，让孩子安静下来，不要一直处在"动态"。

妈妈老说，杨包包就跟打了鸡血似的，一刻也停不下来，在屋里子来回乱转。妈妈感觉很头疼，有时也会怀疑包包是不是有多动症。

尤其是午睡的时候，包包一直在屋里翻箱倒柜，在几个房间里来回穿梭，妈妈都睡不着觉。一天中午，妈妈午睡醒来，惊奇地发现包包居然没有来回跑着玩，而是坐在地上安静地搭积木。妈妈真不敢相信自己的眼睛。

后来，妈妈经常陪着包包玩搭积木，包包变得越来越沉稳，越来越有耐心。妈妈真高兴，包包也有安静的时候了。

爱动是小孩最大的特征之一，父母可以找到孩子的兴趣所在，让孩子做喜欢的事情时可以锻炼孩子的毅力和耐心，这有助于帮助孩子克服爱动行为。

建议二：对爱玩的孩子要松管

孩子停不下来，父母有时会很生气，甚至会斥责孩子，强迫孩子安静地坐下来。其实，对爱玩爱跑的孩子来说，父母管得越紧，他越难改掉坏习惯。就如同握着风筝一样，抓得越紧，风筝越想挣开束缚飞上天空。

父母要有耐心，把握好度，给孩子尽可能多的时间和空间，孩子慢慢就会收心。如果规矩过度，期望过高，孩子会越难管理自己的情绪和行为。

虽然许豆豆才5岁，但他非常喜欢踢毽子。只要豆豆在家，家里几乎就有踢毽子声。别的小朋友从幼儿园回来，都会写作业，但豆豆每次都磨蹭到很晚才写。

妈妈很生气，于是就没收了豆豆的毽子，告诉他以后再也不准踢毽子了。

豆豆哇哇大哭，妈妈也不理他。那天，执拗的豆豆呆呆地坐在桌子旁边，就是不写作业。后来，还是爸爸过来解围，告诉豆豆说："妈妈之所以没收你的毽子是因为你不写作业。这样吧，以后只要你每天写好作业，那爸爸妈妈就不管你踢毽子了。"

豆豆高兴地答应了。后来他会很自觉地写完作业再踢毽子。

爱玩是孩子的天性，给孩子足够的空间和时间，比一味地强迫孩子要好得多。对于爱玩的孩子，通常管得越松，孩子越能快乐成长。

建议三：孩子生活的环境不要太嘈杂

孩子很容易被周围环境中的事物所吸引，好看的动画片、好听的音乐、好看的壁画、好玩的玩具等。总之，家里越热闹，越嘈杂，孩子就越喜欢玩，越喜欢来回跑。

因此，给孩子一个安静简洁的生活环境，同样可以抑制孩子的爱玩心理。有利于塑造孩子安静沉稳的性格，培养孩子的毅力。

孩子爱搞破坏——给孩子探索的机会

教子实例

钟路家来了好多客人。表妹看上了他的积木，细心地按着图纸上的模型，做着一个房子的造型，就在她准备加最后一个屋顶时，钟路走了过来，一把把她搭建的房子推倒了。

表妹哭了起来，钟路慌了，立刻安慰表妹，答应帮她重建，并马上开始动手"搭建"。不一会儿，一座奇形怪状的房子搭成了。钟路对表妹说："你看，这是我给你盖的宫殿，漂亮吧，送给你了。"

表妹看着怪怪的房子，说："你弄错啦，图纸模型上不是这样子的，真丑。"然后继续大哭。妈妈见了，立刻把钟路打了一顿，钟路也大哭起来。

心理分析

许多父母认定，自家的孩子是纯粹的"破坏大王"，提起他破坏的糗事，似乎总也说不完。在父母眼中，孩子似乎永远不"老实"，他们喜欢寻根问底，喜欢改装玩具，喜欢拆各种家庭用品，而这些，都是孩子探索心理的表现。

男孩和女孩相比较，他们的好奇心更强，更喜欢拆卸玩具，想彻底地弄清楚它是什么。男孩这些看似破坏的举动，常常为他们招致了父母及师长的责骂。

其实，这是对孩子的误解。孩子的探索心理更强烈，更擅长于拼装各种三维物体，而且速度快、出错率低。

孩子的心理特征，导致了他更喜欢"破坏"。男孩的自我控制能力比女孩弱，而好奇心、探索欲比较强，他会很轻易地选择对好奇的东西进行"破坏"。而年幼的孩子责任意识不强，容易犯下更多的"破坏罪"。

父母千万别强制压抑孩子的探索欲。父母要意识到，这些破坏力的背后，往往隐藏着孩子的创造潜能，以及一些不为人知的天赋。父母否决、批判了孩子的破坏，也就轻易扼杀了孩子的天赋潜质。

"破坏大王"并不一定是坏孩子，他很可能是未来的大画家、发明家、机械维修师、建筑设计师，"破坏"其实潜藏着巨大能量。

给父母的建议

建议一：呵护孩子的好奇心，满足他的探索欲

孩子出于好奇心搞破坏，父母要郑重对待。孩子因好奇痴迷于某种破坏时，父母不要过多干涉，只需给予支持，并提供必要的引导就行了。

陈源无意间走进了妈妈的书房，对里面各色的颜料产生了兴趣。妈妈是一名美术老师，书房里常备着颜料、画笔。

陈源好奇地用水把颜料化开，然后就兴奋地拿起了画笔。他觉得从书房到客厅的白墙壁不错，就开始得意地在上面画了起来。

晚上，妈妈一走进屋，就被这面"花墙"激怒了，但她忍住没批评陈源。第二天，妈妈买了一套儿童绘画用具给他。陈源喜出望外，从此他就在这些用具上挥洒兴趣了。

如果父母没有送给陈源一套儿童绘画用具，而是给了他一顿打骂，那就是错误地扼杀了孩子的"破坏能力"。

父母要记住，孩子的好奇心和兴趣点，常反映出他对某些事物更为敏感，这正是发掘孩子天赋的好时机。

建议二：不姑息孩子的故意破坏行为

孩子出于愤怒、撒娇，故意砸、摔物品的行为，属于故意破坏，这不同于探索心理，是孩子恶劣品质的表现。父母此时千万别姑息，要让孩子为破坏承担责任。

夏鑫吃晚饭时，发现妈妈没有为他做"糖醋鱼"，脸色马上就变了。他问妈妈："为什么没有做？"妈妈解释说："下班太晚了，鱼卖完了。"

夏鑫又问："那你怎么不早说啊，害我空欢喜了。"妈妈说："不是怕你不高兴吗？"夏鑫嚷道："你现在说，我更生气。"就"砰"的一声把碗扔到了地上。

这是他第三次砸碗了，妈妈不想再原谅他了。妈妈的脸色也冷了下来，低声说："要不赶快吃饭，要是不吃，你就饿肚子吧。这个碗的钱从你下星期的零花钱里扣。"

从那之后，夏鑫就主动收敛了自己的行为。

"破坏大王"如果是在恶意破坏，父母一定不能纵容他，让他养成骄纵的坏脾气。父母在弄清他破坏的原因后，一旦发现他是恶意破坏，就要让他承担后果。孩子可以选择自己把东西修好，或者购买新物品偿还。

建议三：发掘孩子破坏行为后面的天赋

孩子的破坏性后面，隐藏着许多天赋，例如创造能力、思维能力、动手能力等。父母要善于观察他的破坏行为，从中发现孩子的天赋，然后通过正确引导，让孩子的特殊才能展现出来。

陈同不喜欢汽车、手枪这类男孩喜欢的玩具，他只喜欢玩积木。有一天，他把妈妈的女式皮箱给报废了：他用小刀把皮箱挖出了一个个小洞，说："我在给小兔子建一个卧室和客厅。"

妈妈没有批评他，反而给他买了许多介绍建筑的图书，以及复杂的建筑积木，有时间就和他玩搭房子比赛。

陈同的积木建筑搭建得别有风格，又快又好。陈同对建筑的兴趣日益浓厚，没事就琢磨，当一名建筑师成了陈同的理想。

不反对孩子探索性的破坏应该是父母的教育起点，终点是挖掘孩子破坏背后潜藏的天赋。孩子毕竟还小，他无法察觉出自己破坏行为的背后有什么秘密。

父母要做孩子特殊才能的发现者，并为孩子提供条件，将他的天赋引导出来，变成他的特长。

看电视没完没了——不要让孩子太孤独

教子实例

王强是个内向的孩子。爸爸妈妈平时工作特别忙，根本就没有时间来照顾他，和他交流。王强一直就有种被父母冷落的感觉。

时间一长，他也就习惯了这种无人问津的生活。在幼儿园里，他特别排斥同学，他宁可待在教室也不出去和同学玩。

不仅如此，王强看起电视来没完没了。有时，爸爸妈妈在家里忙自己的事情，王强自己对着电视一看就是一天。

后来，爸爸妈妈由于工作忙，把王强送到了奶奶家。奶奶发现王强对电视特别着迷，把这件事告诉妈妈，妈妈这才发现孩子出现了问题。

心理分析

心理学家认为，孤独有时是短暂的心境，有时是严重的和长期的状态，是一种主观体验。并且他们发现，与成人相比，孤独在孩子身上体现得更为明显。

在培养孩子语言表达、与别人交往、生活技能的关键时期，孤独对孩子一生的成长都会产生不良影响。

调查结果显示，不少孩子身上存在孤僻离群的问题，尤其是一些独生子女，被父母娇宠惯了，导致自私任性，喜欢独来独往，不爱和别人交流。这样的孩子缺乏与人合作的意识，将来很难适应社会的发展，势必会遭遇失败。

孩子在交往的过程中，会不断地产生各样的社会意识，形成合群的心理需要。当这种需要得到满足的时候，合群行为就会得到强化，反之，就会感到孤独。

孤独的孩子时常被消沉、自卑的情绪所掌控，人际交往能力缺失。同时，孤独感会改变孩子的生理机能，降低孩子的免疫力，对身心都有严重的影响。

孤独的孩子一般沟通能力差、常有不雅的行为并不以为然、缺乏恐惧感常有危险举动、社会适应能力受损、精神活动自闭、感觉过敏或感觉迟钝，智力也受到影响。如果孩子出现这些症状，父母应该留心观察，耐心疏导，帮助孩子走出孤独的束缚。

一般孩子出现这种问题的原因是：遗传因素、缺失来自家庭的温暖、性格内向、习惯独处、生活及社会环境因素、过量食用酸性食物等。

孩子受外界影响较大，性格具有很强的可塑性。父母要深入分析孩子因为什么原因而孤独，对症下药，矫正孩子的孤独性格。

很多孩子存在孤僻、不爱与人交往的问题，孤独是一种不健康的性格，它会造成孩子性格怪异，影响孩子的身心健康。父母要帮助孩子走出孤独自闭的囚室，还孩子以健康的身心。

给父母的建议

孩子孤独，是一种精神发育性能力缺陷，需要引起父母的重视，认真对待。那么，面对孩子身心发展中的孤独，父母应该怎么做呢？

建议一：给孩子一个充满爱和温暖的家庭

孤独的孩子一般都生活在缺失温暖、爱和理解的家庭中。父母要和睦相处，为孩子创造和谐的家庭气氛，保证孩子身心的健康发展。

孩子生活在温馨的家庭环境中，能体验到家庭的温暖，促进心理的健康。父母要积极营建良好的家庭氛围，改善与孩子的关系，关注孩子的生活、学习，多与孩子沟通，让孩子的心理需要得到满足。

同时，父母不可过于娇惯孩子，对孩子有求必应，导致孩子走入学校发现与家里的情况完全不同而感到困惑，把自己封闭起来，进而逐渐走向孤独的囚室。

建议二：扩大孩子的视野，培养孩子的兴趣

父母多带孩子出去走走，扩大视野，根据孩子的爱好有针对性地培养孩子的兴趣，孩子便能在这些有意义的活动中寻找乐趣，从而远离孤独的侵扰。

李强是个性格怪异的孩子，他的年龄应该是躺在父母怀里撒娇的年龄。可是他不爱和父母交流，也不爱和小伙伴一起玩。他就是喜欢在家画画。

妈妈发现了孩子的这一爱好，为他报了个绘画班，一来想培养他的绘画技能，二来想让他出去多认识几个朋友。

没想到孩子真的变得话多了，也开朗了，和以前那个孤独、沉默寡言的李强有了很大的区别。这让做父母的很是欣慰。

孩子喜欢新事物，内心也渴望与人交往，但是在父母的庇护下缺少机会。父母要尽可能多地为孩子创造多出去看看的机会，增长孩子的见识，陶冶孩子的情操；

在培养孩子兴趣的过程中，孩子生活充实、心情愉快，同时也能接触到许多有共同兴趣爱好的朋友，与朋友交往，这是治疗孤独最有力的针剂。

建议三：教给孩子正确地认识孤独

适当的孤独可以帮助孩子静下心来思考问题处理事情，而过分的孤独则会阻碍孩子的身心发展，父母要教育孩子正确地认识孤独，利用孤独，不被孤独束缚。

蕾蕾是个乐天派的孩子，和别的小朋友关系很好，整天闹闹腾腾的给家里增添了不少欢乐，她似乎不知道什么是孤独。

这几天回到家，蕾蕾总是出奇的安静，不愿意多说一句话。后来，妈妈一问才知道是和小朋友闹矛盾了。

妈妈没有批评她，而是指导她修补友谊。第二天，蕾蕾就和小朋友和好了，又变得高兴起来。

有的孩子依赖心理很重，事事时时都要父母陪伴，一旦父母不在身边，孤独感就会特别强烈，但是父母不可随意满足孩子的需要。

父母要意识到，适当的孤独作为一种正常的生理现象，可以帮助孩子摆脱浮躁的心情，头脑清晰地看待问题。

独处是每个人的需要。父母要让孩子知道，孤独是生活中必不可少的要素，设法去战胜它，孩子就会在短暂的孤独中享受到意想不到的快乐。

建议四：让孩子多交良友

心理健康的孩子，一般都有比较好的朋友，在孩子交朋友的过程中，父母要做好指导，让孩子多结交些性格好、教养好的孩子，孩子在了解他人的基础上也能调节自己的行为。

梦涵的父母和她有个不成文的规定，就是给她充分的自由空间，梦涵交朋友的事情他们从来都不多问。但是他们知道孩子有个特别好的小伙伴倩倩，她们俩无话不谈。有好东西也要一起吃一起玩。

这天，梦涵和妈妈要新书包，可是她现在用的才买了一个月，她不想让孩子养成浪费的习惯就没有答应。

孩子闷闷不乐地出去玩了。回到家却换了一种心情，她主动和妈妈道歉。说是倩倩告诉她妈妈是对的，她让我回来和妈妈道歉。

可见，朋友对孩子的影响是很大的。父母不要把孩子总是关在家里，尽量让孩子和朋友在一起共同讨论学习，增进友谊。并且要教育孩子要有一两个知心朋友。

培根说过，没有知心朋友的人，是真正孤独的人。有了知心朋友，孩子的快乐有人分享，痛苦有人承担，就不会感到孤独了。

自己动手，拒绝帮忙——独立性萌发

教子实例

5岁的钱博文总是慢吞吞的。今天博文起得晚，眼看上幼儿园就要迟到了，他却还在慢吞吞地穿鞋。妈妈着急了，夺过博文的鞋子要给他穿。

谁知博文非常不领情，他从妈妈手里夺回自己的鞋子坚持要自己穿。博文穿了半天还没穿好，妈妈着急地开始责骂他。

如此一来，博文更加不让妈妈帮忙，他把鞋子拿在手里怎么也不穿了。没办法，一路上博文就光着脚跟在妈妈后面，妈妈真是又急又气。路上几次说要帮博文穿鞋，他就是不让。

最后到了学校，博文坐在教室里，才慢慢腾腾地继续穿鞋。

妈妈很气恼，她不明白博文为什么变得越来越不听话，为什么明明自己穿不好鞋子却还要拒绝大人的帮助？

心理分析

通常孩子在1岁的时候就会有了自己的脾气，随着年龄增长，这种自我意识会逐渐增强。"我自己来"、"不用你帮忙"、"别碰我的东西"，自我意识较强的孩子经常会说这些话来拒绝别人的好意和帮助。这种对抗状态一出现，就证明孩子的独立意识开始萌发了。

独立性萌发之后，孩子容易变得自大，不愿意父母过多干预自己的生活，他们喜欢自己去探索生活，自己去解决问题，从而证明自己很强。

一般的孩子在2岁的时候就会出现这种拒绝现象，到了3～4岁的时候，这种排斥行为会最明显。他们渴望按照自己的想法做事，不喜欢大人违拗其心意，否则就会焦躁不安，大吵大闹，变得更加叛逆。

这是一种正常的行为，随着孩子自我意识的不断增强，孩子会变得更自信，更有责任心，更加乐观向上，这个时候是锻炼孩子独立能力的最佳时机。父母在理解孩子行为的同时，可以适当给孩子一些鼓励。

虽然孩子自己动手是件好事，但父母一定要教育好孩子，不要让孩子由自信变为自负，变得骄傲自大，刚愎自用，形成放荡不羁的性格。

这时候父母在教育孩子时，要顺应孩子的心理发展趋势，尊重孩子的成长规律，不要一意孤行跟孩子硬碰硬，最终只会造成两败俱伤。说不定，孩子因此会变得越来越叛逆。

给父母的建议

孩子独立意识萌发之后，会变得越来越执拗，让父母感觉头疼，甚至会对孩子的不可理喻感到束手无策。

建议一：面对孩子的拒绝，父母可以迂回帮忙

这个年龄段的孩子，会开始有自己的思维方式，想要变得独立，自然在做事的时候会拒绝父母的好意。面对孩子的拒绝和抗拒，父母会想当然地严厉训斥孩子。如此一来，孩子就会对父母强硬的态度感到不满。

最好的方式是，面对孩子的拒绝，父母可以采取迂回战术。从侧面为孩子提供帮助，给孩子创造成功尝试的条件，成全孩子。如此，随着时间的增长，孩子经验的累积，自主能力会越来越好。

4岁的顾昭昭最近喜欢洗碗，每次吃完饭之后，她就端起自己的小碗到厨房里洗。妈妈怕她把碗摔了割伤自己，不允许她这样做。昭昭就把碗抱在怀里，哇哇大哭。

妈妈没办法，就答应了昭昭。妈妈端来一盆水，放在昭昭面前，教昭昭怎么洗才能洗干净，才不会摔碎，昭昭洗得很快乐。

昭昭洗碗时不再需要妈妈的帮助，她成为了幼儿园里最早学会洗碗的小朋友。

当孩子非要干某事，父母又不放心时，可以从侧面采取迂回战术帮助孩子，这样既满足了孩子的独立心理，又保证了孩子不受伤害。

建议二：不妨让孩子尝一尝失败的苦果

孩子自我意识强，我行我素，拒绝父母的帮助时，如果父母一味地强迫他们听从或改正，孩子的对抗意识会更加膨胀。

这时候，父母不妨给孩子降降火，让孩子尝一尝拒绝别人帮助带来的苦果。之后孩子就不会轻易拒绝别人善意的帮助了，也才能进步更快。

秦媛刚刚两岁，每次穿鞋都会穿反，而且拒绝妈妈的帮助，如果妈妈给她把鞋子换过来，她就会大哭不止。

于是，妈妈放弃了，带着反穿鞋子的媛媛去公园玩。一路上，由于鞋子不合脚，媛媛摔了好几个跟头，妈妈在一旁跟着什么也没说。

后来媛媛哭着问妈妈说："为什么我今天总是跌倒啊？"

妈妈蹲下来，安慰媛媛说："是因为媛媛拒绝听妈妈的话，把鞋子穿反了啊！"

之后，媛媛在穿鞋时，不再拒绝妈妈的帮忙，每次穿好鞋子，都会问妈妈，这么穿是不是正确。要是穿反了，也会自己换过来。不再像之前一样，拒绝听妈妈的话。

孩子的独立意识萌发时，特别不愿意听父母的话，只想按自己的意愿行事，拒绝父母的建议和帮助。适当地让孩子品尝一些失败的苦果，他就会学会接受父母善意的意见或帮助，不再拒绝善意的帮忙。

建议三：对孩子多鼓励，少打击

孩子独立意识萌发，拒绝父母的帮助，想要自己独立完成某件事。作为父母，要帮孩子建立自信心，哪怕孩子做得不好，也要适当地鼓励孩子，不要打击孩子的积极性；犯了错误，可以适当地批评教育，切不可挖苦打击。

如果这段时间孩子得不到肯定，很容易产生自卑心理，对以后的身心发展很不利。

第03章

塑造良好性格——培养出乐观开朗的孩子

孩子动不动就哭——爱哭不是好性格

教子实例

赵阳平时很爱哭，摔倒了要哭，被别人推了一下要哭，要求得不到满足也要哭。这让妈妈很头疼。

有一次，赵阳随妈妈一起逛商场，他看中了一个玩具机器人，就让妈妈给自己买，妈妈看了一下价钱，三百多元钱，感觉太贵，而且家里已有一个机器人，于是拉着赵阳的手就要离开。

赵阳不干了，拽着柜台就是不走。妈妈故意转身就走，赵阳一看妈妈要离开，跑上前拉着妈妈的手放声大哭，引来了不少顾客围观。

本来妈妈根本没有打算给赵阳买，但看着他哭得伤心，妈妈也很心疼。同时，旁边又有那么多人观看，于是便给赵阳买了机器人。

心理分析

哭，不管是大人还是小孩，在特定的场合或者遇到特定的事件时，都是一种正常现象，如获取胜利时喜极而泣，碰见伤心事痛哭流涕，等等。

一般情况下，4 岁以前的孩子在自己不如意之时都比较爱哭，孩子的哭也被人认可，而到 4 岁以后以至于长大成人后如果还爱哭，特别是遇到一点困难，遭到一点挫折时就泪流满面，就是软弱的表现，就是没有能力的代言，不仅对解决问题无益，还会让人看不起。

孩子哭，原因多样，有的是因被忽视发脾气；还有的像赵阳一样是因为需要没能满足而哭，或者说用哭的方法来实现自己的需求。

而还有一些孩子爱哭，是心灵脆弱，容易敏感所致。不管孩子出于哪一种原因哭，对他的自信与坚强个性的形成都不利，进而影响到一个人的前途。

因此，父母要尽量避免孩子养成爱哭的毛病。但若想做到这一点，父母需要在孩子小的时候就用合适的方法控制，以预防为主。

孩子爱哭，有什么问题还没说，泪水先流出，父母此时不要着急上前安慰，而应冷静地让孩子先止住哭，然后再要求孩子说出事情的经过。

对于那些像赵阳那样以哭为手段来满足自己欲求的孩子，父母一定要狠下心来，坚决不能让步，否则孩子会得寸进尺，动不动就会用哭来要挟父母；而对太过于敏感与脆弱的孩子来说，父母要对孩子多进行安慰，多做心理疏导，并多带孩子运动或者参加集体活动。

给父母的建议

建议一：让孩子知道哭解决不了问题

孩子很多时候哭，是因为被人欺负了，或者老师错批了自己感觉到委屈才哭，或者害怕打针吃药吓得哭泣。

不管孩子是因为何种原因哭，无论父母有多么心疼都不要着急上前安慰，而应该让孩子冷静下来说清楚事情的原委，然后与孩子一起把事情解决了，最后还要告诉孩子以哭的方式解决不了任何问题。

而对于那些给父母玩心计，用哭来要挟父母满足自己欲求的孩子，父母绝对要坚持住自己的立场，一定不要让孩子得逞，否则孩子就会愈演愈烈，动不动拿哭去吓唬父母，以致最后有可能就会形成爱哭的毛病。

建议二：告诉孩子哭的坏处

爱哭的坏处有很多，父母可以将爱哭和孩子中意的事情联系在一起，引导孩子看出爱哭对自己的直接坏处。

玉玉3岁半，是一个漂亮的小姑娘，特别爱美，但同时也好哭，一有什么不如意之事，就会流眼泪，任其父母如何哄劝都不起作用。

有一次，玉玉又因一点小事大哭了起来，妈妈看见她哭得样子很难看，忽然灵机一动，找来了一面镜子，照着玉玉的脸对她说道："你看看镜子里，你哭的时候多么难看啊。"

玉玉听妈妈如此说，闭眼只顾哭的她偷偷睁开点眼睛扫了一眼镜子，发现自己真的很难看，于是就止住了哭泣。

妈妈然后又对她说："玉玉笑起来很好看，不信你笑个试试。"玉玉看了妈妈一眼，对着镜子做了一个笑的模样，脸上还挂着泪珠，样子十分滑稽。妈妈忍不住大笑了起来，玉玉也跟着笑了。

从此，玉玉哭的次数越来越少了。

孩子喜欢哭泣，父母还要根据孩子的性格爱好对孩子进行纠正。如果孩子像玉玉一样爱美，可以告诉孩子说哭会让自己变丑，这对于爱美的孩子来说，是很难接受的事情，孩子为了自己的美丽，也会减少哭泣，孩子也因此会改掉爱哭的毛病。

建议三：教孩子自己学会转移注意力

孩子小时喜欢哭泣，父母可以用转移注意力的方式来使孩子止住眼泪。

董莉由于性格软弱，遇到点什么事情就很容易伤心落泪，并且沉浸在消极的情绪里难以自拔。父母担心她这样下去会影响到心理健康，就想方设法地改变她爱哭的毛病。

董莉喜欢游泳，并且爱好画画，在她情绪不好时，董莉的父母就带着孩子游泳，或者铺开纸张让孩子画画，孩子的不良情绪因此会缓和许多。

开始时父母可以引导孩子转移注意力，进而让孩子自己学着在情绪不好时，试着去做自己感兴趣的事情，这样能够避免孩子一直沉浸在消极的情绪里，可以减少孩子哭泣的次数。

建议四：培养孩子坚强的个性和意志

人生不如意之事十之八九，每个人的一生都难以避免不愉快的事情发生，也都会有困难阻碍的存在。而遇到诸如以上事件时，用哭是不能解决任何问题的，同时还可能会使事情陷入一团乱麻之中。

孩子爱哭，父母可以有意识地培养孩子坚强的个性和顽强的意志，这样孩子以后再遇到什么事情，就会用冷静思考、想办法高效地解决难题来代替哭泣，这样才能提高孩子生存的能力。

我不想给她吃——小气的孩子

教子实例

蔡康是个非常小气的男孩，幼儿园里的其他小朋友都不喜欢和他玩。

这天，妈妈对蔡康说："康康，一会张阿姨会领着凡凡来咱家串门，你要表现得乖巧些。"蔡康点头答应。

张阿姨带着凡凡来了，妈妈拿出昨天在超市买的坚果给凡凡吃。看到里面有自己喜欢吃的腰果，蔡康一把抢了过来。

妈妈有些不高兴地说："康康，把东西拿出来给凡凡吃。"

蔡康说："我不，这是我的，给凡凡吃了，我不就没有了吗？我才不给呢。"

张阿姨见状，立刻说："凡凡不吃，都给康康吃吧。"凡凡一听，立刻说："我要吃，我要吃！"然后大哭起来。

康康见状，也哭了起来。张阿姨和蔡康妈妈都不知道怎么办才好。

心理分析

慷慨是一种度量，慷慨的人能用博大、宽容的胸怀对待一切。慷慨的人有大气魄、大肚量，慷慨的人是意气风发的。

慷慨代表一种气度，斤斤计较过分算计的人，不会得到众人的认可。一个人的行为大大方方，该出手时就出手，该舍弃时就毫不吝啬，这才是真正的慷慨，才能在人间潇洒走一回。

慷慨是一种情绪，对待生活对待周围的人和事物充满激情。生活中可以没有很多东西，但生活决不能没有激情、没有信仰与追求。

慷慨的人知道很多东西不是靠上天、父母、他人给予的，而是靠自己勤劳的双手，智慧的头脑去创造的。

慷慨的人懂得给予，绝不吝啬自己所拥有的东西，当遇到乞丐的时候他会施舍，当别人对不起他时他会原谅，并毫不犹豫地伸出援助之手。慷慨的人不会太计较自己的得失，慷慨的人也不是不明事理、不分青红皂白地给予一切需要他帮助的人帮助。

慷慨的人有自己的原则立场，慷慨的人会不计前嫌宽恕他人，但这绝不是无原则的退让，不是软弱的表现。

慷慨是理所当然的，不慷慨的人会受到周围人的鄙视，会认为他小气。由于社会环境的变化，父母要从小培养孩子的慷慨性格，让孩子在性格上成为一个大家喜爱和乐于交往的人。

孩子要想受到很多人的喜爱，就不能做个小气的人，小气会使人很累，别人无心无意的话或行为可能都会使孩子多想而生气，这样必然使人远离。

孩子只有慷慨大度才能使人愿意接近，把他当成朋友。孩子的慷慨表现在：性格的开朗爽快，行为的大度给予，在这两个方面做到了，孩子就会赢得众人的喜爱，能够为未来的发展铺平道路。

给父母的建议

孩子小气，不能慷慨待人，这会严重影响孩子的身心发展，并且容易造成在人际交往上的缺陷。所以，父母一定要帮孩子改正。

建议一：父母要做慷慨的人

慷慨的父母能够培养出慷慨的孩子，父母做事要慷慨，不能斤斤计较，不能相互猜疑、怄气。给孩子营造一个融洽、和谐、温馨的家庭环境。

父母要乐观、与人为善。慷慨地对待父母、亲戚朋友，要乐于给予他们物质上的帮助，心理上的开导，让孩子体会到父母是慷慨大度的人。

这样孩子就会耳濡目染，学会大方地对待他人。而一个小气的父母，只会让孩子学会自私，学会保守。所以父母应该做个慷慨的人，这样就能培养出一个慷慨的孩子。

建议二：让孩子不要无端生气

慷慨的人不会无端地或者因为一点小事就生气，喜欢生气的人永远也做不到慷慨。现在的孩子是家里的宝贝，有时候会自以为是，希望别人都满足他。

一达不到要求，孩子就会生气，这样就不利于孩子养成慷慨大度的个性。

丝丝在家里就像个小公主一样，爸爸妈妈还有爷爷奶奶总是宠着她，什么都满足她的要求，一点做不到她就撅起小嘴，满脸的不高兴。一次她想穿裙子，因为天气有点冷，妈妈给她穿了裤子。她一直不说话，脸紧绷着。让她去上学，她就是站在不动。妈妈知道她在抗议，怎么劝都没把她哄好。最后还是换了条裙子，爸爸才把她送走。

不要把孩子培养成"小公主"的个性，要让她知道有些事可以满足她，但有些事她必须服从，不能达不到自己的心愿就生气。只有知道生活中并不是所有事都能如愿，能够忍耐才能经得住生活的考验，才能做到慷慨坦然地面对生活。

建议三：让孩子学会宽恕别人

慷慨有两层含义，一层是给予，另一层就是宽恕。慷慨的人是大度的，能够宽恕他人的过错，不计较别人的过失，不对他人对不起自己的地方耿耿于怀。宽恕他人是比简单的给予更高的精神境界，给予是物质上的，而宽恕是精神上的，只有能够战胜自我的人才能做到慷慨的原谅。

让孩子学会宽恕，只有能原谅别人的过错，才能更加获得别人的信任，才能拥有更好的人际关系。宽恕与原谅更能显示出一个人的宏大度量与博大胸怀，这也是成大事必须具备的品质。让孩子做个宽宏大量的人吧，他会在人生的道路上收获更多。

建议四：让孩子明白"己不所欲，勿施于人"

让孩子做个慷慨的人，要让孩子明白他的慷慨不是把自己不想要的东西送给别人就能称得上慷慨。真正的慷慨如同纪伯伦所说的"慷慨不是你把我比你更需要的东西给我，而是把你比我更需要的东西给了我"，可见慷慨是能够舍得给予别人你所需要的。

一天露露家来了客人，一个远方的阿姨带着她儿子来家做客。妈妈让露露给小弟弟拿点零食，并且对她说，弟弟大老远来不容易，你要好好招待招待他。

露露把她自己舍不得吃的核桃都拿出来给弟弟吃了，看着弟弟直夸真好吃，露露也很开心。等客人走了，妈妈问露露怎么舍得把自己都舍不得吃的东西拿出来给弟弟。露露说你不是常教导我"己不所欲，勿施于人"吗？那是我最喜欢的，所以我想弟弟也一定喜欢啊！妈妈看孩子这么慷慨大方也很高兴。

让孩子做个慷慨的人，只有愿意拿出自己最想要的给别人分享才是真正的慷慨，这样也才会最让别人感动。

妈妈，我不敢——孩子胆小怎么办

教子实例

王琦今年6岁了，这个年龄正是孩子"天不怕地不怕"的时期，可是王琦却是个胆小的女孩。

王琦是家里的独生女，父母对她百般娇宠，平时不准她一个人出去玩。即使在家里玩，父母也要陪在身边。久而久之，王琦变得对父母极其依赖，也更加胆小。

王琦不敢一个人睡觉，怕有鬼；从不敢端饭，怕烫着；从不敢自己出门玩，怕回来时找不着家；也不敢在外人面前说话，怕说错了惹得别人笑话。

在幼儿园里，王琦也是不敢说不敢玩。老师让唱歌跳舞，王琦也支支吾吾地往后缩。这让父母很头疼，他们不知道怎么帮助王琦变得胆大起来。

心理分析

胆小是很多孩子存在的普遍现象。胆小是孩子的性格缺陷，胆小的孩子一般意志薄弱、缺乏自信、不能以积极的态度面对挑战，经不起困难和挫折，难以取得成功。

胆小的孩子往往缺乏与人交际的能力，不善于表现自己，适应社会的能力较差。但一般来讲，孩子的胆小来自对事物认识不足和对自己的评价偏低，没有足够的自信战胜胆小。

造成孩子胆小的原因很多，与社会环境、家庭教育都有着密切的关系。

父母过分溺爱孩子，事事为孩子包办，孩子得不到锻炼胆量的机会；

父母经常打骂孩子，挫伤孩子的自尊心和自信心，使得孩子不敢大胆地表现自己的天性；有的父母本身就胆小怕事，使得孩子模仿这种行为。这些原因导致的胆小性格，对孩子的伤害极大，影响终生。

父母要意识到这种危害，同时要清楚，帮助孩子改变胆小的性格不是一朝一夕的事情，需要长期努力。父母要找到孩子胆小的原因，然后对症下药，而不要一味地责怪孩子，胆小的孩子更需要来自父母的关爱和鼓励。

但凡有所成就的人大都具有超人的胆识，胆小怕事的人体会不到成功的喜悦。为了培养孩子良好的性格及保证孩子的身心健康发展，父母要及早矫正孩子的胆小性格，帮助孩子顺利地迈向成功。

给父母的建议

父母要深刻地意识到胆小这种性格缺陷对孩子的成长造成的巨大影响，要积极采取措施帮助孩子摆脱胆小的不良心态，引导孩子健康成长。

建议一：父母要做孩子的表率

许多情况下，孩子没有父母认为的那样胆小，孩子碰到困难和挫折时，往往无法忍受的是父母表现出来的胆小。

孩子跌倒了就让他勇敢地爬起来，如果父母惊慌失措，即使摔得不重，孩子看到父母的胆小反应也会哭个不停。

因此，父母要做孩子的表率，不可感情用事，要用自己勇敢来帮助孩子克服困难，实现成功。勇敢的父母才会培养出勇敢的孩子，胆小的父母只能造就胆小的孩子。

建议二：放手让孩子实践

不论什么事，孩子总要通过自己亲身实践，经历各种各样的成功或失败才能健康地成长。父母要放手让孩子实践，给孩子充分尝试的机会，尽可能地给孩子独立的空间，让孩子的困难自己去解决，问题自己去处理。

在解决困难处理问题的过程中，孩子会不自觉地变得勇敢，困难解决了，孩子还会获得满足感，进一步来深化勇敢的心态，自然会远离胆小了，成功也就变得触手可及。

建议三：用激励来帮助孩子克服胆小的毛病

胆小的孩子取得成功本身就是一件不容易的事情。所以当胆小的孩子取得一点小进步时，父母要及时给予恰当的激励表扬，尽力去评价孩子做得好的方面，而不要随意否定孩子的努力。这样孩子在以后的学习、生活中会表现得更加勇敢。

父母要学会欣赏自己的孩子，让孩子感觉一直在关注他鼓励他，这样孩子就更有胆量去尝试新鲜的事物，不断地克服胆小的毛病。

建议四：给孩子创造些劣性刺激

所谓劣性刺激，是指在子女未成年时期的教育过程中，通过减弱或反转一些生活和环境条件而达到挫折教育的效果。坚强、勇敢的性格不是孩子与生俱来的，而是在数次的磨难中锻炼出来的。父母首先要告诉孩子，困难和挫折是人生必须要经历和面对的，只有在困难和挫折面前人才会变得坚强、勇敢。然后可以在日常生活中为孩子设置一些理性的劣性刺激，这些劣性刺激对孩子的成长是有益的，此外，父母不能做旁观者，要指导孩子凭借自己的毅力和智慧去打败这些挫折。在挫折教育中帮助孩子树立战胜胆小的信心，走向成功。

只要父母相信自己的孩子能行，舍得放手，并能根据孩子的特点为孩子创设具体的克服胆小的情境，就可以帮助孩子一步步远离胆小，学会勇敢地面对各种挑战。

你替我做决定吧——孩子没主见

教子实例

陈冰是一个受到父母严格要求的孩子，不论做什么事，父母都要求他先告诉父母，经过父母允许了才去做。

妈妈觉得这样很好，既可以避免陈冰去做危险的事情，给自己带来伤害；也能让他比一般孩子少犯错误。

一天，妈妈带着陈冰去儿童乐园玩，看到这么多好玩的东西，陈冰却显得很为难。在妈妈的一再催促下，他才对妈妈说："我不知道玩什么好，你替我做决定吧。"

妈妈这才发现，自己居然培养出了一个这么没有主见的孩子。

心理分析

缺乏主见，也就缺乏独立处理问题的能力。这样的孩子在遇事的时候，往往会去寻求外界的帮助。

孩子不知道该如何判断和处理事情，对人对事有依赖感，总想着去依赖别人。这就是孩子缺乏主见的表现。

孩子要学会自己独立地思考，如果凡事都是按照别人的意思办，就会在最后独自来承担没有主见的苦果。

有主见的人，不是说要一意孤行，而是在自己做出抉择的时候，能够根据实际情况，来作出自己的思考和判断。毫无主见只能接受被人欺骗的命运，轻信只能导致更多的失败。

父母要教会孩子忠于自己的想法，不必总是去顾虑别人的想法。或者出于取悦别人的目的。独立思考，有自己的主见才能在行事中获得真正的快乐。

一个有正常思维的人都不会对别人的评价漠视，但是不要被错误的评价所左右。不能总是在别人的目光中，调校自己的人生目标。

要让孩子做一个坚持自己的人，尤其在自己有了新奇的主意之后，更要顶着压力，坚持走自己的路。大凡成功的人，都是做事有主见，处事能决断的人。

一个缺乏主见的孩子，在生活中就会显得过于的腼腆和胆小。对自己的评价，也一般会低于实际水平。做事还很优柔寡断，又怕一个人独自地承担风险，很喜欢因循守旧。这样的孩子，在与别人相处的过程中，会常常处于吃亏的角色。

如果孩子是一个没有主见的人，做事都愿意按照别人的意志来办，精神上也比较敏感，容易受到精神上的伤害。孩子没有主见还易倾向于内疚，自我克制能力强。在受到别人伤害后，能忍下所有的委屈，不发泄出自己的不满。

主见是一种相信自己能力和自己选择的心理特征。培养孩子的主见，也就是让孩子能够很清楚地知道哪条是自己该走的路。

给父母的建议

父母要培养孩子成为有主见的人，在孩子的成长过程中，父母可以从哪些方面注意和着手，逐步地培养起孩子的主见呢？可以参看下面的建议。

建议一：不要抢孩子的话头

父母在听孩子讲话时，很容易控制不住自己，来抢孩子的话头，并迅速地作出点评，孩子有哪些认识不对，应该怎么来做，等等。

王品的妈妈是个急脾气。每次一听到王品说一些她认为是很幼稚不成熟的话时，就会很不耐烦地打断王品的话，把自己的意思表达出来。

很多时候，妈妈总是下命令，很明确地让王品明白他的办法行不通，必须按妈妈说的做。结果把王品的胆子，弄得特别小。做什么事都还要先来先向妈妈请示，变得很没有主见了。

因为孩子的一些语句和观点太幼稚、不成熟，就急于向孩子灌输自己的正确观点，这样无疑就会剥夺孩子的说话机会。也让他们失去了表达和实现自己主见的机会。

建议二：仔细听孩子的辩解

父母要在孩子做错了事情之后，仔细地听一听孩子的辩解，看孩子是怎么想的。

对于孩子的想法，要看有没有好的观点和想法在里面，要善于发掘孩子的闪光点。尽量地满足孩子们的想法和要求，哪怕有一些想法过于新奇，也可以鼓励孩子去尝试。千万不要打消了孩子的积极性。

建议三：吃穿玩允许孩子自主

孩子要想吃什么东西，只要不是过分影响到饮食均衡，都可以让孩子选择去吃什么。

想吃苹果，就不勉强孩子去吃香蕉。孩子要去外面玩，可以让他们自己选要穿的衣服。不要都替孩子做主了。

玩的时候，孩子不想遵守成人游戏规则也不要去怪他们。可以让孩子自主选择游戏和游戏方式。

刘冬的爸爸妈妈平时很在乎孩子的想法，很早的时候，就让孩子自己的事情要自己做。所以他自理能力较强，对于吃穿玩，妈妈爸爸也都很遵从他的意愿。

刘冬现在在同龄的孩子面前，就显得要成熟一些，做事很有决断，也很有自信。有的时候，家里的一些重大的决定，父母也会让孩子来参与。

父母给孩子吃穿玩的自由，就是让孩子能够更早更好地学会自主，做一个很有主见的孩子。

建议四：少给孩子下命令

父母在与孩子的相处中，肯定会碰到孩子的建议根本就行不通的时候，这个时候最简便的做法，就是直接地给孩子下命令。

然而这种做法不利于孩子自主性的培养，要多用一些启发式的话语，来对孩子表述。让孩子明白，还有更好的更合理的方法来做这件事。

建议五：让孩子多参与到家庭生活中来

父母在与孩子相处的过程中，要把孩子当作一个有决断能力的家庭成员来看待。在家里有任何家庭事务需要决断的时候，也让孩子参与进来。让孩子感觉到自己也是主人翁，也是家庭中重要的一员，增强孩子的自信心和自主能力。在以后的事情中，对于自己不喜欢不愿意的事情，能够勇敢地说"不"。

我什么都不行——孩子也自卑

教子实例

李静今年6岁，为了让她有个好的发展，妈妈早早地就让她参加了各种兴趣班。

李静刚会说话不久，妈妈就让她学英文；4岁时，就已经没有机会和小伙伴玩了，而是被枯燥的学习、跳舞、弹钢琴夺去了自由的时间。

尽管李静已经很努力了，妈妈还是对她很不满意，天天指责她，而且总是拿她和一些更优秀的孩子作比较，这让李静很苦恼。

后来，李静变了，变得不再爱说话。一次，妈妈让她给客人表演节目，李静死活不愿意，还说自己什么都不行，妈妈感觉很郁闷。

心理分析

自卑的孩子往往缺乏自信。而自信是成功的首要秘诀。自信在孩子的成长过程中发挥着很大的作用，它是孩子取得好成绩和不断进步的动力。

自信是孩子各种能力的催化剂，它把孩子的潜能充分调动起来，并且能够成为一种良好的习惯伴随孩子一生，成为孩子成功的必备因素。

正因为自信如此重要，父母一定要让自卑远离孩子的心灵，让孩子的身心得以健康发展。

每个孩子都想成为优秀的人，可是自卑为他的这种理想蒙上了阴影，让他看不到成功的可能，并且对自己失望透顶。

父母要相信孩子的能力，并将这种信心适时地通过各种方式传达给孩子，让孩子看到自己广阔的发展空间，产生进步的动力，发挥自己的潜能，到达成功的彼岸。

自卑是自我意识的一种体现，自卑的孩子往往低估自己的能力，只知道放大自己的缺点，却无法发现自己的优点。它会让孩子背上沉重的思想包袱，给正常的生活、学习造成很大的困扰，也不利于孩子身心的健康发展。

父母要在生活中留意孩子的心理变化，一旦发现孩子存在自卑心理，就要积极引导，将自卑从孩子的心灵上驱除，让孩子回归自信。

给父母的建议

建议一：尊重孩子的自尊心

孩子自我意识较差，他们对外界的反应更多地依赖于父母对他们的评价。

父母保护孩子的自尊心，孩子就会自信，反之，不顾及孩子的自尊心，孩子就会变得自卑。

赵超今年才4岁，却是个超级爱面子的孩子，可是妈妈经常不考虑他的感受，常在外人面前批评他，让他觉得自己很没用。久而久之，他就变成了个沉默寡言的孩子。

有一次，妈妈带他出门，遇见了王阿姨。赵超在妈妈的催促下，才向王阿姨问好。妈妈忍不住批评他。王阿姨拉过妈妈，让她注意教育方式。

妈妈反省了一下，才发现在自己的教育下，赵超没有以前那么爱表现了。于是妈妈开始尊重赵超的自尊心，赵超慢慢又变得自信起来了。

孩子往往具有很强的自尊心，他们能感觉到父母对他们的态度，并能根据父母的态度来调整自己的行为。

如果孩子出现了自卑的倾向，父母要抓住孩子的心理，保护他们的自尊心，善于扩大孩子的优点，即使孩子犯了错误也不要在外人面前批评孩子。尊重孩子的自尊心，才能培养他们的自信心，才能让孩子远离自卑。

建议二：从小事开始，帮助孩子逐渐树立自信

孩子的自信是在平时的生活中逐渐树立起来的。父母要帮助孩子从小事开始，逐渐地树立自信。父母要重视小事对孩子性格的影响，也要认识到孩子的自信不是一朝一夕就能培养起来的，要有耐心来关注孩子，让他自信地成长。

父母可以在生活中给孩子创造成功的机会，让孩子在成功的体验中培养自信。例如，全家人在一起玩游戏，让孩子在游戏中获胜；当孩子出色地完成了一件事以后不要吝啬表扬，等等。

建议三：培养孩子的特长，用长处树自信

孩子出现自卑心理的一个重要的原因是自己没有发现自己的价值，而拥有特长的孩子更容易树立起自信。所以，父母要注意留心孩子的兴趣着眼点，培养孩子的特长，满足孩子内心对成功的渴望。

陶会是个爱画画的孩子，很多时候她都喜欢一个人待在屋里画画，而不喜欢出去和小伙伴玩。因为她觉得自己长得不漂亮，别人不喜欢和她玩。

妈妈发现了她的心理起伏，就主动为她报了一个绘画培训班。陶会在培训班里学到了专业的绘画知识，在幼儿园举办的绘画大赛她拿到了第一名。

陶会渐渐地变得自信起来，在班里，她的朋友也多了起来。

孩子拥有一技之长，就比其他孩子拥有更多成功的机会。孩子在自己的特长中会产生优越感，自然会变得自信满满。父母一定不要忽视这个让孩子摆脱自卑的好方法。

建议四：用成就感来驱逐孩子的自卑情绪

孩子自卑还有一个原因是过多的失败体验让孩子不断地自我否定，而成功的体验可以帮助孩子获得成就感，父母要善于给孩子制造机会，让孩子在成功的喜悦中淡化自卑对孩子心灵的影响。

程娟上幼儿园，由于说话结巴，总是受到老师的批评，这让她的自卑心理很严重，妈妈决定帮助她变得自信起来。

这个周末，妈妈带程娟去游乐场玩，正好碰到里面举办少儿英语大赛。妈妈觉得这是教育孩子的好机会，因为奖项很多，每个孩子都有奖励。

当然，程娟是不知情的。程娟不敢去，妈妈鼓励她只要尽力就可以了。程娟参加了，并且得了奖，沉浸在成功的喜悦中。

父母要帮助孩子制定很多小小的合理的目标，一旦小目标达到就可以让孩子享受成功。父母也可以和孩子一起做游戏，在游戏中有意识地帮助孩子成功，让孩子在成功中培植自信。

我就偏不听你的——倔脾气的孩子

教子实例

田园马上要6岁了，随着年龄的增大，他变得越来越有礼貌，做事也更加独立，爷爷经常夸奖田园已经是个"小大人"了。但是，妈妈却发现，田园在越来越独立，越来越有主见的同时，也变得越来越倔脾气，很喜欢跟大人唱反调。

一天，妈妈去客厅叫正在看电视的田园吃饭，妈妈刚叫了两声，田园就不乐意了。他把遥控器一扔，很生气地对妈妈说："叫什么叫啊，你越叫我吃饭，我就越不吃。"说完，田园继续看电视。

一旁的妈妈可气坏了，真想教训一顿田园。平时这种情况经常发生，如果妈妈发脾气了，很生气，田园会更倔强，一副要与大人对抗到底的样子。

心理分析

通常孩子3岁之后就会出现"叛逆期"。之前，孩子年龄小，认为自己跟妈妈是一体的，几乎没有完全的独立意识。随着年龄的长大，独立意识的增强，孩子就想要表达自己，让别人认可自己，所以就有了自己的"脾气"。

等孩子到了6岁左右，倔脾气会变得更严重。这个时期的孩子变得很爱跟大人唱反调："我知道"、"不要你管"、"我就不干"等等，让父母很生气。

虽然父母会为孩子的倔脾气感到头疼，但这是一种正常的心理变化，孩子是独立的个体，不可能永远都依赖于父母、认同父母的所有观点。他们更希望得到父母的信任和认可。因此父母不要再用之前的眼光看孩子，要换一种方式跟孩子相处。

孩子的倔脾气和反抗是自我意识很强的表现，父母如果正确引导，会增强孩子的责任心，让自己逐渐成为一个自主又有规则的人。如果父母方法不对，引导不好，会让孩子变得更骄纵任性，难以管教。

因此，父母在跟倔脾气的孩子相处时，最好把他们当做"小大人"来对待，听取孩子的想法，尊重孩子的一些做法，站在孩子的角度上顾虑孩子的感受，让孩子能够有自己的意见和表达机会。

同时，不要太过于溺爱孩子，被溺爱的孩子会有恃无恐，更喜欢跟父母顶嘴唱反调。

给父母的建议

建议一：父母要正确认识孩子叛逆的行为

孩子出现爱发脾气、爱顶嘴、爱跟父母对着干的行为是心理慢慢趋向成熟的正常表现，父母不要大惊小怪，不要认为孩子学坏了，更不要小题大做，开始为孩子的未来担心。叛逆期是孩子成长的必经之路。

孩子开始有能力做自己的事，开始有自己的想法，他们开始去掌控，去决定，想要强烈表达自己的愿望，这都是很正常的行为。父母正确认识孩子的行为，才能给其最大的理解和关爱。

建议二：不要跟倔脾气的孩子争锋相对

孩子在反抗期，反抗意识非常强烈，父母要做的不是制止孩子的行为，而是慢慢适应和引导孩子的行为。

有些父母在对待倔脾气的孩子时，会采取强硬的方法，不管用什么方式，必须让孩子妥协，其实这种针锋相对，只会让父母和孩子更受伤。

对待倔脾气的孩子，不能强磨棱角，否则只会加深矛盾。甚至让孩子对父母心生怨恨，极不利于亲子关系的和谐。

秦文今年5岁半，让妈妈很头疼。妈妈说东，小文偏偏会往西。一天，奶奶来家里看小文，给他做了很多好吃的。

小文在楼下跟小朋友玩得正高兴，妈妈下来叫小文吃饭。

"小文，走，快点回家吃饭，奶奶做了很多好吃的。"

"我不，我现在就要玩。"小文玩得正高兴，不听妈妈的话。

"快点回去，奶奶做了很多好吃的，等你吃饭呢。"妈妈耐着性子说。

"不，我不，我就不回去，我现在就要玩。"小文不依不饶。

妈妈真的很生气，正想揍小文一顿。但爸爸经常劝诫妈妈，不要用强硬的教育方式对待孩子。

妈妈又恢复了耐心，告诉奶奶做的饭都是他最爱吃的，他不吃就给别人吃了。听了妈妈的话，小文赶紧跟着妈妈回家吃饭去了，害怕晚一步好吃的就没了。

跟倔脾气的孩子针锋相对，只会激化矛盾。孩子本来就处于敌对状态下，如果父母一味地硬碰硬，孩子的反抗意识就更强烈，甚至会做出很多过激的行为。

建议三：学会理解孩子，尊重孩子的行为

孩子开始耍倔脾气，开始说"不"是建立自尊的第一步。他们渴望获得和父母相同的地位，希望得到父母的认可。

所以，父母在要求孩子时，要以平等的姿态，让孩子知道你认可他，尊重他。这是对倔脾气孩子最好的理解和引导。

智敏越来越喜欢跟父母提出自己的小要求，而且变得很倔，很多时候她必须要坚持自己的想法，否则就开始跟父母对着干。

智敏回家后，拿起一瓶饮料就开始坐在沙发上看动画片，爸爸叫她吃饭她也不去。她说："我要看动画片，我不吃饭。"

爸爸知道智敏的倔脾气又上来了，于是说："行，那咱们看完这集再吃饭行吗？"

智敏听了爸爸的话，点头答应了。

理解孩子的行为，给孩子尊重，孩子会很自然地愿意听父母的意见。每个人都渴望别人的理解和尊重，孩子也不例外。维护了孩子的自尊，孩子就不会再经常对父母说"不"。

建议四：父母要经常反省自己的行为

倔脾气的孩子，经常也有倔脾气的父母。孩子倔脾气可能是因为性格倔强、好强，但也有可能是受父母的影响。

例如：孩子和父母的意见不同，父母会强势地想要孩子服从，不肯退让，慢慢地，孩子耳濡目染，就会"长出"倔脾气，喜欢跟父母对着干。

父母要及时反省自己的行为，然后改正，才不会让孩子效仿不良习惯。

看到他就讨厌——孩子爱嫉妒

教子实例

赵志强一直是班上最帅气的男孩，女孩都愿意和他玩，他每天在幼儿园里过得都非常开心。

最近，班上来了一个小朋友车帅，长得比赵志强还帅气，连老师都说，车帅是她见过的最帅气的孩子。

赵志强很生气，自从车帅来后，其他女孩都不愿意和他玩了。她们每天围着车帅转，让赵志强特别嫉妒。

后来，车帅来找赵志强玩，他扭头就走。晚上，妈妈问他原因时，他说："我看到他就讨厌。"

妈妈想不明白，孩子这么小，怎么就开始嫉妒别人了呢？

心理分析

学龄前的孩子已经有了嫉妒心理。嫉妒是看到别人在某一方面或者多方面强于自己，因而产生一种复杂的情绪体验。

嫉妒情绪既包括对自己的不满，又有着对所嫉妒对象的怨恨。如果没能及时对自己这种情绪进行调控，有可能会给孩子或别人造成伤害。

孩子有了嫉妒之心，通常有两种表现：一种是把嫉妒之情深藏在心中，隐而不发，但心中时刻对所嫉妒之人充满着仇恨，希望别人倒霉，心情长期处于这种状态之下，就有可能演变为一种人格缺陷，对身心的健康十分不利。

嫉妒心理对人的危害很大，不但会影响到自己的身心健康，使自己失去和谐的人际关系，还会阻碍个人的进步，甚至会亲手断送自己的美好前程。同时，有着嫉妒心理的人，还有可能间接或者直接给无辜之人造成无法挽回的伤害。

嫉妒之心在生活中十分常见，成人与孩子身上都有可能出现。与别人在现实中存在的差距，是造成人产生嫉妒的客观外因；而由于个人主义思想严重，心胸狭窄，不会调控，没有足够的修养等，是嫉妒产生的主观内因。

因此，孩子一旦出现嫉妒的心理，父母就要教孩子找到嫉妒别人的原因，如果是先天条件，比如娇好的容貌、出身的富裕等这些无法改变的方面，父母要让孩子尽量接受现实，平心静气，不拿这些方面与人比较。

而如果孩子是因为别人后天的努力而嫉妒，比如成绩好、有人缘等，父母就要鼓励孩子努力上进，争取比别人做得更好。

同时，父母还需要告诉孩子嫉妒产生的各种危害，提高孩子的自我调控能力，加强孩子各方面的修养，赶走孩子心灵上的嫉妒毒虫。

给父母的建议

有嫉妒心理的存在，就会有危害。孩子一旦出现嫉妒心理，父母就要尽快想办法，从各方面帮助孩子克服嫉妒心理，让孩子尽早摆脱嫉妒的折磨。

建议一：让孩子认清楚嫉妒的危害

嫉妒是一种不良的情感体验，长期处于此种消极的情绪之下，不但有损心理健康，还会造成免疫力降低，导致躯体发生病变；不仅如此，嫉妒还会影响和谐的人际关系，阻碍自己前进的脚步，对今后的发展不利。

同时，有着嫉妒心理的人，不仅给自己造成伤害，有可能因为控制不住自己怨恨的情绪，去攻击所嫉妒之人，因此给无辜之人带去伤害。纵观历史上嫉贤妒能之人，损害了别人的同时，自己也没有一个得到好下场。

因此，父母要让孩子认清楚嫉妒心理的危害，使孩子对嫉妒产生厌恶之情。

建议二：培养孩子博大宽宏的胸怀

凡是对比自己优秀的人产生嫉妒心理的孩子，普遍都是心胸狭窄，什么都想争当第一，容不得他人任何方面超过自己。

蒋灵云不善于交际，同时还是一个小心眼，听到夸奖别人自己心里就不舒服。

有一次，蒋灵云与妈妈一起去姑妈家走亲戚，妈妈夸奖表妹说："你真是一个懂礼貌的好孩子！"蒋灵云听到此话很生气，并要求妈妈立即带自己回去。

妈妈没有答应她的要求，执意在姑妈家吃完了午饭，并且在回去的路上对蒋灵云进行教育，希望培养她的宽容胸怀。

容易嫉妒的孩子，看到别人比自己强，就会产生怨恨之情，听到夸奖别人，也会像蒋灵云一样，内心充满敌意。而如果孩子胸怀博大宽宏，就会对别人的优势发自内心地赞美，并能虚心向别人学习，所以，父母要培养孩子博大的心胸，宽宏的肚量，这样孩子才能容纳别人超越自己，才会努力迎头赶上，才能不断地取得进步。

建议三：提高孩子认知、调控能力

世界上没有十全十美之人，父母只有提高孩子的认知与调控能力，孩子才能客观地看待自己与别人，不会因嫉妒别人，而做出有损他人的事情。

张满坤的好朋友李伦有音乐天赋，在幼儿园里很受欢迎。在准备六一儿童节的表演节目时，李伦被选为领唱，这让张满坤很嫉妒。

妈妈发现了这一点，就引导张满坤正确认识李伦的音乐特长，教她学会真心欣赏，同时让她把自己擅长的方面表现出来，以此证实自己的能力。

张满坤不再嫉妒李伦，而是把精力都用在发挥自己的优势上面。因为她的口才好，又会协调与解决同学之间的矛盾，很快被大家认可。

对于别人的先天优势，父母要引导孩子真诚赞美，同时教孩子发挥出自己的优势，这样孩子才会像张满坤那样得到大家的认可；

对于别人因为后天的努力取得的成绩，父母要引导孩子多看别人付出的汗水，提高孩子对嫉妒心理的调控能力，使孩子虚心向别人学习，这样孩子才能不断地完善自己。

建议四：充实孩子人生的各个方面

父母注意培养孩子的多种兴趣，在孩子学习之余，尽量多安排一些活动，使孩子的生活丰富多彩，让孩子每天过得都很充实，那么孩子就没有时间去嫉妒。即便有了嫉妒之心，也会因为做别的事情而得到有效转移，因此能够避免与减少孩子嫉妒心理的产生。

王丽丽5岁，妈妈就注意培养她的多种兴趣，根据她的爱好，妈妈给她报了两个兴趣班，丽丽不但学会了跳舞，而且钢琴也弹得很好。

一天，妈妈送丽丽去上舞蹈课，结果她出来时一脸的不高兴。妈妈问她出了什么事，丽丽说老师检查舞蹈时，她被另一个同学比下去了，话中明显带有嫉妒。

妈妈听后，沉默了一会儿说："妈妈现在最想听女儿弹曲钢琴啦！"于是丽丽走到钢琴前，愉快地弹了起来，完全忘记了刚才的嫉妒心理。

孩子看别人强于自己，难免会滋生嫉妒之心，父母只要引导孩子去做自己感兴趣的事情，孩子就会像丽丽一样，嫉妒心理一扫而光。

万一下雨怎么办——培养乐观的孩子

教子实例

张语是个很可爱的女孩，她很喜欢玩，在她的一再要求下，妈妈答应周六带她到儿童乐园玩。

周五晚上，妈妈叫张语吃饭，发现她一副心事重重的样子。没等妈妈开口，张语就说："妈妈，万一明天下雨怎么办？"

妈妈说："我已经看过天气预报了，明天是个大晴天。吃完饭后，妈妈就给你准备明天要吃的东西和要喝的饮料。"

可张语还是不放心，一遍又一遍地向妈妈求证："妈妈，真的不会下雨吗？天气预报准吗？万一下雨了呢？"

看着这样的张语，妈妈实在很忧心。

心理分析

乐观是一种心态。事情已经如此了，无论悲或喜，都无法改变。但是，积极或消极的心态，会对未来的状况产生很大的影响。

乐观精神的意义也正在于此。提倡孩子乐观，正是培养孩子积极的一面。乐观的心态，能将事情向积极、有利的方向推动；相反，消极的行动则会让事情恶化。

孩子的成长过程中，难免会遇到挫折，如果不能乐观以待，就会被失败阻碍了前进的步伐。在困境中寻找希望，在绝境中寻找生机，用这种心态来做事，孩子才能早日走向成功。这种心态，正是乐观的心态。

教孩子学会乐观，孩子总是能看到事情比较有利的一面，期待最有利的结果。乐观不但是迷人的性格特征，还有更神奇的功能，它能使人对生活中的许多困难产生心理免疫。

孩子如果缺乏乐观，任何一个小挫折，都会成为灭顶之灾。那些因为小事而选择轻生的人，正是因为缺乏乐观的精神。

诚然，这个世界并不总是向我们展示它乐观的一面，也并不是所有人都在积极的环境中成长。孩子可能不是天生乐观，但父母可以让孩子学习选择乐观。

乐观是成功的催化剂，悲观是失败的孵化器。培养孩子的乐观精神就是在点燃孩子对未来、对成功的希望之火。

给父母的建议

建议一：父母要用快乐感染孩子

成人身上的乐观品质，能感染到孩子，因此，父母要培养快乐的孩子，自己首先要做个快乐的父母。

父母要多在孩子面前展现出快乐的一面，例如，平常和家人讲讲笑话；孩子犯错了，也不要过于严厉，换一种轻松的方式来交流，效果会更好。

唐敏不小心打翻了玻璃杯，水全洒在桌上了。妈妈见了，马上拿毛巾擦，边擦还边开了一句玩笑，唐敏马上跟着笑了，紧张的心情也缓解了。

妈妈常常在家里开玩笑，爸爸、奶奶都常被她逗乐。妈妈也常遇到不开心的事，但她总会用笑声来面对。唐敏很喜欢妈妈，言行中不知不觉也有了她的风范。

乐观的人生态度，需要一种乐观、积极的家庭氛围来培养。父母要做个乐观的人，用自己的言行来感染孩子。孩子受到熏陶，会渐渐养成这种心态。

建议二：学会从挫折中寻找积极的一面

孩子总会面临一些挫折。如何面对挫折呢？乐观的做法是，看到挫折中积极的一面。即使失败了，也要从中收获经验。学会不气馁，才能让事情向好的方向发展。

陈东和几个小朋友一起拍球玩，可是不管他怎么拍，球就是在地上不动，陈东感觉非常沮丧。

妈妈告诉他，拍球也是有技巧的。在妈妈的示范下，陈东很快学会了拍球，又高兴地和其他小朋友一起玩了。

在挫折面前，学会寻找积极的一面，正是乐观精神的表现。孩子遇到了挫折，会产生许多负面情绪，容易陷入消极状态。父母要及时引导，让孩子能够乐观看待挫折，寻找事情积极的一面。

建议三：鼓励孩子丰富生活、开发兴趣

孩子的娱乐生活应该尽量地丰富。父母要给孩子自由支配的时间，鼓励、支持孩子的爱好。丰富的娱乐生活，能够发挥孩子的个性，使孩子生活愉悦，才会形成乐观的心态。

刘林上幼儿园了，每次休息，时间都由他自己安排。他常和小朋友一起玩。有时候，大家一起玩球；有时候，大家玩打仗的游戏。

刘林有许多爱好，妈妈都满足他。刘林的运动技术不错，常常博得喝彩。这些业余爱好给他带来了自信，这让他遇到问题时会更积极乐观地看待。

孩子的生活丰富，事事都能尽兴，就会形成活跃、上进的个性。丰富的娱乐生活，陶冶了孩子的情操，释放了孩子的个性，可以形成孩子乐观的心态。

建议四：教孩子转移、释放负面情绪

乐观的人，不是没有挫折，没有烦恼，而是善于处理负面情绪。父母要教孩子，有了负面情绪要学会释放、转移，如选择一些自己喜欢的活动，找一个人倾诉等。孩子学会了释放不良情绪，更容易获得乐观、健康的心境。

父母一旦察觉孩子被负面情绪包围，可以帮助孩子释放。父母可以主动询问，还可以带孩子去游玩，帮助孩子散心。孩子能释放不良情绪，就能重新恢复健康、积极的心态。

不是我的错——孩子没有责任感

教子实例

龙威不懂什么是责任，小小年纪就会推卸责任。有时候，明明是他答应的事也会反悔。一来二去，大家都不相信他了。

龙威的行为，却受到了妈妈的赞赏："你这么聪明，肯定是吃不了亏的。"后来妈妈发现，龙威在家里也这样。

这天，龙威不小心把花瓶打破了，他害怕妈妈批评，就用衣服把花瓶碎片盖了起来。妈妈发现后，生气地责怪他，龙威却说："不是我的错，是小猫打破的。"

妈妈更加生气了："家里根本就没猫。"龙威却哇哇大哭起来，妈妈也不知道说什么好。

心理分析

所谓责任，是指个人承担自身行为所造成的后果的能力。责任心则是一个人对自己行为敢于负责的自觉意识、态度和行动。

责任心是一种习惯性行为，也是一种很重要的素质，是做一个优秀的人所必需的。如果不具备责任心，则很难在学习与生活中成长。

责任感是人的立世之本。孩子要立足社会，就要担当事业和家庭的重任，责任心更不能缺。无论是对团体还是个人，要把一件事情做好，责任感都是核心素质。

人由于惰性，由于怕麻烦，往往喜欢推卸责任。一个常常推卸责任的人，最先失掉的就是他人的信赖。孩子做事不愿负责任，让人不敢托付，是成不了大事的。他的一生必将庸庸碌碌，平淡无奇。

孩子缺乏责任心会体现在很多方面，比如对自己分内的事情不做或回避，对家庭、社会没有责任感，比较自我，不懂得关心别人，做事拖拉、延迟，承诺后不兑现，遇事爱推卸责任等等，这样就势必影响孩子的成长。

现在有些父母不太重视培养孩子的责任心，并且在培养孩子责任心方面存在这样一个误区：认为孩子年龄还小，不具备承担的能力。

于是当孩子遇到一些事情的时候，父母总想替孩子完成，而且时常为孩子承担相应的责任，希望能为孩子留出更多的时间去学习，这样孩子就失去了主动、独立做事的机会。

社会学家认为，当一个人富有责任心时，他的自我便真正开始形成，同时这个人也由立志开始，并且在努力完成的过程中，影响力逐渐扩大，义务感也会随之增加，最终必能做出突出成就。

父母要把培养孩子的责任心放在重要的位置上，因为让孩子培养责任心，就是培养孩子对自己负责的态度。

一旦有了责任心，孩子就能够做到主动承担相应的责任，凡事上就能做到尽心尽力，最后成功。

给父母的建议

建议一：让孩子对自己负责，自己的事自己做

责任意识，首要是对自己负责。孩子的事情，要由他自己来做。

例如，衣、食、住、行的事，只要孩子能应付，就由他全权负责。父母不要过于心疼孩子，事事代劳。

只有这样，才能避免养成孩子的依赖心理。

建议二：孩子要珍视承诺，答应的事要办好

每个承诺中都含着责任。父母要教导孩子，珍视自己的每一个承诺，答应别人的事，就一定要尽全力办好。守承诺，正是培养孩子的责任意识。

陈明约好了，周末陪汤臣爬山。快到周末了，听说社区举办篮球赛，陈明这个篮球迷又蠢蠢欲动了。他跟妈妈说："我跟汤臣说，别去爬山了吧。"

妈妈一听，马上说："不行，你答应了别人的事，就是承诺。你轻易反悔，会失信于人，是不负责任的表现。"

陈明见妈妈强烈反对，就打消了念头，决定履行承诺。

父母应以身作则，遵守承诺，给孩子树立一个好榜样。父母还要常常讲给孩子责任感的重要性、承诺的意义，给孩子以好的熏陶。孩子处于这种氛围中，责任意识会慢慢增强。

建议三：孩子是家庭的一分子，要参与家事

父母应培养孩子的主人翁意识，这是培养他责任感的最好途径。家务事父母应多征询孩子的意见。邀请孩子参与，会让孩子感到被尊重，感受到对家的责任。

蒋军虽然小，妈妈却很在乎他的建议。家里要做什么事，妈妈总要问问他的意见。每一次，蒋军都有他的想法。例如，周末去哪里玩，电视选什么颜色等。他的意见，也都会被综合进去。

蒋军常参与家务事，主人翁意识也非常浓厚。家里的事他都会关心，也想出一分力。在幼儿园里，也积极维护集体荣誉。

邀请孩子参与家事，能增强孩子的责任心。孩子的建议被尊重，被采纳，会让孩子更重视对家的责任及义务。孩子有了主人翁意识，会积极自愿地为家做贡献。这会进一步激励孩子，让孩子更优秀。

建议四：孩子决定的事，要孩子自己负责

父母要告诉孩子，自己决定要做一件事，无论成败，后果都要由自己来承担。这个后果，可能是成功，也可能是失败。无论成败，孩子都不可推卸。孩子愿意承担一切后果的态度，正是责任意识的重要表现。

平时，父母要尊重孩子的决定，同时也要提醒他后果自负。父母如此说，是要孩子明白，自己决定的事，责任应由自己来承担。

如果决定是孩子下的，责任是父母来担，孩子的责任意识就会很淡薄，也不会全力以赴做好事情。

你能不能快点啊——慢吞吞的孩子不要催

教子实例

张松是个聪明的孩子，也比一般孩子懂事，可就是做事太拖拉，让妈妈很头疼。

这天，妈妈带着张松去奶奶家。奶奶家在农村，下了车后需要走上一段路才能到。所以，刚一下车，妈妈就催张松走快些。

可是，张松一点都不着急，他一边走着，一边看着路边的小花，还不停地问妈妈："妈妈，这是什么花？"

有时，看到地上有什么东西，张松还要蹲下来研究一番。不管妈妈怎么催，他就是不愿意起身。

等到了奶奶家，已经很晚了，妈妈很生气，可张松却一副快乐不已的样子，妈妈也不好再说什么。

心理分析

父母常抱怨，孩子聪明伶俐、反应敏捷，可就是个小"拖拉机"，做什么事情都慢腾腾，可以急死人。孩子不笨却磨蹭、拖拉，父母只能喜忧

参半。

孩子做事情拖拉，原因有很多。

其一，孩子做事拖拉，是因为孩子的动手能力太差。父母很多事都为孩子包办了，让孩子的动手能力没有得到适当的锻炼。

其二，孩子没有时间观念。孩子在做事情时缺乏必要的紧迫感，孩子的时间观念一般是在5岁左右形成，父母对孩子的管教比较松，迁就了孩子的懒散习惯，也就让孩子习惯了没有效率的办事方法。久而久之，孩子也就形成了拖拉的个性。

其三，孩子做事的能力欠缺。有一些孩子在某些方面能力比较低，就会产生退缩心理，做起事来特别慢。父母也没有给予鼓励而总是抱怨孩子太慢，渐渐地孩子也就没有兴趣，更没有信心了。

拖拉也是一种恶性循环，孩子因为不能守时、按时完成任务，不断被父母批评，自信会不断弱化，行事更加拖拉。

这样一来，孩子开始怀疑自己，封闭内心，出现人际关系障碍。同时，还容易滋生更多的负面品质。

时间是宝贵的，一旦磨蹭掉，就不能要回来了。孩子拖拉时，父母不能忙着催促，要学会放任。任何拖拉都会付出代价的，孩子品尝过后，才会深知其中苦涩。父母的催促，帮孩子避过了品尝苦果，所以才一而再、再而三地拖拉成性。

时间是自己的，如果不懂得珍惜，浪费了也无人能偿还。拖拉、磨蹭就是在浪费自己的时间。

给父母的建议

父母时常为孩子"拖拉"急得焦头烂额，孩子却悠闲自在的无所谓，真是应了那句"皇帝不急，急死太监。"父母不能只着急，可以采用如下方法，帮孩子改掉坏毛病：

建议一：让孩子自理，提升动手能力

孩子进入三岁后，独立意识增强，事事想自己动手。父母要抓住这个好机会，从穿衣、吃饭、洗漱开始，让孩子学会自理。

孩子此阶段有好奇心，有学习的兴趣，正好加以利用。父母若不放手，总为他包办好，等到他五六岁时，就会只请父母来帮忙，懒于自己动手了。

孩子有娴熟的自理技能，就不拖拉了。如果孩子已经五六岁了，穿衣、洗漱还拖拉，父母再急也别帮忙，要让他自己来。

这个过程是动作熟练的过程，必须经历过，才能提升做事的速度。孩子在自理时拖拉，就从提升自理能力开始。

建议二：让孩子和自己玩"时间游戏"

孩子做事拖拉，就给自己来个"定时游戏"吧。拖拉的人，心里总认为时间太多，还有明天。让孩子在做每件事前，先拿出小闹钟摆在桌上，给自己一个时间限定，定上闹铃。

刘合伍吃饭特别拖拉，每天都要吃一个多小时。妈妈让他先设想一下，最快能多长时间完成，他觉得是一个小时。

妈妈便把闹钟定成一小时，让他看着闹钟吃饭。妈妈还答应，他若五天都能按时完成，就有一个奖励。

刘合伍吃着饭，又想去玩玩具，可是看看闹钟，就又继续吃饭了。吃吃停停，刘合伍终于在一个小时之内吃完了饭。

妈妈看了很高兴："真不错，第一顿饭就合格了，再吃四顿饭你就能满足心愿了。"

"时间游戏"就是自己约定一个时间完成某事，父母给予一定奖励。孩子会拖拉的事情多而繁杂，父母都可以用"时间游戏"，帮孩子一一改正。

建议三：让孩子慢慢做，别着急，别放弃

有些事情乍一看，似乎无法实现，孩子便开始拖拉。面对这种问题，父母要对孩子说："一点一点做"，只要孩子不心急，事情渐渐就会有雏形了。

周末到了，刘勇要负责给自己的玩具洗澡。他看着满满一大箱的玩具，想要耍赖。妈妈告诉他："你一点一点做吧，别着急。"

刘勇把不怕水的几个玩具先挑出来，放到了盆里，然后往盆里倒了水，加了一点洗衣粉，用抹布擦拭起了玩具。

用清水冲洗干净后，刘勇发现玩具干净多了，干劲更加足了。

孩子在生活中面临一些"大事件"时，容易犯畏难情绪，迟迟不想动手。父母要教孩子"一点一点做"，这是将大目标切割成小目标，然后再逐一击破。

建议四：消除一切干扰，集中注意力做事

　　孩子想快速完成任务，不拖拉，就要能集中注意力。例如，想让孩子快点吃完饭，就关掉电视、电脑，拿走孩子的玩具，让孩子安静地吃饭。

　　孩子拖拉，都是由于行事途中被各种干扰因素影响了。想让孩子改掉拖拉，在做一件事前，就要先排除各种干扰项，让他专心做事。

　　孩子总会受干扰因素的诱惑，舍不得去排除，这对集中注意力是不利的，这一点父母一定要注意。

第 *04* 章

有朋友童年才完整——
教孩子学会与人相处

孩子总爱欺负人——化解孩子的敌意

教子实例

下午放学了，爸爸去幼儿园接5岁的明轩放学。他刚走到幼儿园门口，就看见明轩站在角落里罚站，心情顿时不好了。

爸爸走到教室门口，老师迎了出来，径直对他说："明轩这孩子总喜欢欺负人，今天他又打了同班的小朋友，我都不知道怎么教育他了。"

爸爸感觉很不好意思，气恼地对低着头一声不吭的明轩说："你这孩子到底是怎么回事？之前就欺负其他班级的小朋友，你能不能改改欺负人的毛病啊？"

明轩依然不说话，爸爸更生气了。

"以后你再欺负其他小朋友，我回去就好好揍你。"

"明轩爸爸，你可千万不能打孩子，以暴制暴是不可取的，那样做也会让孩子变得暴力。"老师赶紧打消爸爸的想法。

爸爸一时也不知道如何是好。他非常担心，明轩小小年纪就这么欺负人，长大了可怎么办啊？

心理分析

很多父母都有这样的抱怨："我的孩子又欺负人了，我又得去给别人道歉。"这种带着敌意的攻击行为在孩子之间最容易发生。

一般这种行为随着年龄增长会慢慢消失。父母不要过分着急，认为孩子欺负人是道德问题，这样小题大做在教育孩子时往往会伤害到孩子。

通常孩子因为自己的要求得不到满足，才去欺负其他孩子。例如：想要玩具、想要别人的糖果，等等。

孩子处于自我意识很强的阶段，理所当然地认为所有好东西都应该属于自己。在争抢过程中，孩子不善于分享和交流，所以经常会出现打人、攻击人的行为。

孩子跟大人不一样，不会通过交流和语言去化解彼此之间的矛盾。一旦和小伙伴产生分歧，最多的是进行直接攻击。总而言之，这种行为是孩子还不成熟的原因造成的，随着年龄的增长会慢慢改善。

美国心理学家威拉德做过实验，只要父母合理引导，孩子的敌意攻击性行为会慢慢消失，所以面对孩子欺负人的行为，父母不需要太过担心。

保证孩子心理健康，是改善孩子"暴力倾向"的良药，孩子难免犯错，父母不要采用极端的教育方式，让孩子心灵受到伤害。心理不健康的孩子，更容易攻击他人、欺负他人。

总而言之，面对爱欺负人的孩子，父母要想办法来化解孩子的敌意，引导孩子用理性的方式跟别人相处，不要用暴力攻击行为去解决问题。

给父母的建议

孩子总爱欺负人，父母可以从以下几个方面做起，相信能够让孩子变得温和有礼，内心不再充满敌意。

建议一：父母要做好孩子的榜样

孩子天生就喜欢模仿，所以作为父母要以身作则。夫妻之间不要吵架，更不要当着孩子的面大打出手，那样很容易让孩子变得暴力。

同时，就算孩子欺负了别人，回到家，父母也不可以对孩子出手。这种以暴制暴的教育方式会让孩子认为攻击别人是一种正常行为。纵然一时孩子改正了，但只要他们长大有了反抗的能力，必然还会出现欺负人的行为。

建议二：让孩子知道欺负人是不对的

孩子比较单纯，意识不到欺负人是一种恶劣行为。父母要告诉孩子"欺负小朋友，对方会很难过"、"打了小朋友，他会很疼"、"欺负人的孩子都是坏孩子"。孩子有了不能欺负他人的意识，才会有克制自己"暴力行为"的意识。

蒋闹闹打了李甜甜，回去之后，一副不以为然的样子。妈妈狠狠批评了闹闹，告诉他欺负人是不对的，是一种非常恶劣的做法，闹闹最后哭了起来，他说他不知道打人是错误的，以后再也不欺负别人了。

"欺负人是不对的，那么做错事之后要怎么做呢？"妈妈想让闹闹去给甜甜道歉，让他更深刻地明白欺负人是不对的。

"要道歉。"闹闹低声说。

后来，闹闹去给甜甜道了歉，还说自己欺负人是不对的，以后绝对不随便打人了。

让孩子深刻意识到欺负人是不对的，同时让孩子为错误道歉，如此一来，孩子会从过程中对错误行为有更深刻的理解，学会改正欺负人的行为。

建议三：教会孩子与人"和平相处"

在幼儿时期，孩子不会跟人相处，往往都以自我为中心，所以出现矛盾时就容易出现攻击行为。父母要引导孩子学会如何跟其他人相处，让孩子学会谦让，学会忍让，学会与别人分享。多给孩子提供一些日常受教育的机会，从身边的小事做起，化解孩子的敌意。

赵辉今年6岁了，长得非常壮，他仗着自己力气大，在幼儿园里经常欺负同学。他是班级里唯一没有得到过小红花的学生。

辉辉非常伤心，妈妈安慰辉辉，告诉他："妈妈可以让你变得越来越受人喜欢。"

妈妈请来了邻居家的小朋友宜清，让她来扮演客人，辉辉扮演主人。

辉辉有模有样地端来好吃的饼干，宜清拿起一个巧克力味儿的就想往嘴里塞。辉辉一看自己最喜欢的饼干被宜清抢了，下意识地就要夺回来，不许她吃。

妈妈及时阻止了辉辉："辉辉，宜清是客人，你要让客人来挑，你怎么能欺负客人呢？"辉辉松开了抓住宜清的手。

慢慢地，在妈妈的刻意训练之下，辉辉变得谦虚有礼，宽容谦让，不再随意欺负其他同学了。后来，他也得到了一枚小红花。

孩子爱欺负人往往不是故意的，而是出于一种带着敌意的抢夺行为。所以，父母平时要有意识地教育孩子，让孩子学会与人"和平相处"。

建议四：不要让孩子看暴力的影视作品

现在孩子接触电视网络都比较早，一些欺负人的行为都受了电视节目和游戏的影响，父母不要让孩子看暴力倾向的电视，要为孩子选择健康积极的动画片。否则很容易留下各种隐患，加重孩子爱欺负人的倾向。

我的玩具你不准碰——让孩子学会分享

教子实例

赵敏是个小气的孩子，平时有什么东西都自己留着，从不会和别人分享，即使是爸爸妈妈都不行。

这天，邻居家的妞妞来赵敏家玩，看到赵敏的娃娃会说话，显得非常兴奋。妞妞想玩一玩，但赵敏一直拿在手里。

过了一会儿，赵敏把娃娃放下去玩别的玩具，妞妞看准机会，立刻拿起了娃娃玩。赵敏听见娃娃的说话声，立刻把娃娃夺了下来。

赵敏生气地把妞妞推倒在地上："我的玩具你不准碰！"看着哇哇大哭的妞妞，不管妈妈怎么劝，赵敏都不愿意把玩具让妞妞玩。

心理分析

父母对孩子的溺爱使他养成了以自我为中心的心理惯性，这对于孩子人格的健全和人际交往是一种障碍。

生活中孩子可以分享的东西很多，比如：玩具、零食、喜悦、痛苦……但是不少孩子还是会"小气"，生怕属于自己的东西被别人抢走。

这与父母的溺爱是有关系的。每位父母要做的不仅仅是把爱给孩子，还要让孩子学会去爱别人，会与他人分享。

因为只要孩子学会把自己的快乐和别人分享，他就会发现自己的快乐越来越多，父母要给孩子机会让他体会一下"独乐乐不如众乐乐"的心情。

分享是一种人生智慧，更是一种心得，懂得分享，方便了别人，快乐了自己。自己的分享满足了他人的需求，自己也能从分享中得到应有的回报。这是让孩子保持快乐的秘诀。

分享是友谊的粘合剂和润滑剂，有的孩子独占心理很强，这样是不利于他很好地与人交往的，也自然体会不到与人为善的乐趣了。

父母要有意识地从日常生活着手，逐步培养孩子与他人分享的好习惯。

给父母的建议

建议一：积极营造懂得分享的家庭环境

将来的社会不仅仅是竞争的社会，更是合作的社会。分享是孩子重要的交往技能，孩子只有学会分享，将来在学校里、社会上，才能更好地与周围的人相处和合作。

分享需要父母在潜移默化中传授给孩子。所以，父母要积极营造一个家庭成员乐于分享的家庭环境。

何晶今年5岁，可是爸爸妈妈却没有把她当成孩子看待，而是把她作为家里很重要的一分子。家里每周六晚上都要开家庭会议，内容就是每个人讲述一下一周来的开心事和不高兴的事，也可以和其他人分享一下自己的心得体会，并且要求每个人都开诚布公。

在宽松的环境下，每个人都滔滔不绝，既融洽了家庭气氛，又与人分享了自己的经历和体会，获得他人的理解，每次开完会，何晶都觉得身心很轻松。

父母要为家里制定一个可以相互沟通和分享的规则，不管是父母还是孩子在发生重大问题时一定要及时与家里其他成员沟通，听取各自的想法。

也可以规定一个固定的时间用于家庭内部的沟通，在这段时间内每个人都分享各自的快乐与痛苦。在乐于分享的家庭环境中成长，孩子在学校或是社会才能懂得分享，为成功做好铺垫。

建议二：不要过于溺爱孩子

孩子不喜欢与他人分享，与父母对孩子的溺爱有很大的关系。每位父母都疼爱自己的孩子，都想为他们提供最好的物质条件。父母为孩子买好的玩具、零食，而从不要求孩子对自己有所表示，甚至连礼貌的谦让都没有。长此下去就强化了孩子的独享意识，他们理所当然地把好吃的、好玩的据为己有。

所以，父母不能过于溺爱孩子，让孩子享有好吃的、好玩的同时也要鼓励他们与别人分享，让孩子把自己的快乐传达给别的孩子，既增进了友谊还培养了孩子的分享意识。

建议三：从小事入手，培养孩子的分享意识

很多父母都不希望自己的孩子自私，希望孩子懂得与人分享，这需要父母在平时就给孩子传输这种理念，从小事入手，培养孩子的分享意识。

周韬6岁了，是个懂事的孩子，这与妈妈对他的培养是分不开的。为了培养他的分享意识，他妈妈从不让他独自吃任何好东西，有好吃的都要他与父母一起分享，让他觉得"分享"是正常的、愉快的，"独吞"是不正常的、可耻的。

这天周韬过生日，妈妈买了他最喜欢的荔枝。本来想的是全都让周韬吃了，可是周韬已经养成和妈妈一起吃的习惯了，非要妈妈和他一起吃，妈妈很高兴。

父母要从日常生活中的小事着手，在细微处让孩子树立分享的意识，并让他体验和别人分享的快乐。

父母要经常鼓励孩子把自己喜欢的书、自己爱玩的玩具和其他同学共同分享，同时，别的孩子也会模仿自己孩子的行为，把他们喜爱的东西给自己的孩子玩。强化了孩子的友谊，也让自己的孩子分享了别人的快乐。

建议四：给予孩子正面的支持

孩子的身心发展还不完善，容易受到父母情绪的影响。当孩子有与他人分享的良好表现时，要及时给予孩子正面的支持，鼓励孩子把这种好习惯发扬下去。

朱君是个可爱的小姑娘，周末妈妈给她买了一套漫画书，她特别喜欢。

周一上幼儿园时，朱君非要妈妈给她装书包里，妈妈问她为什么，朱君天真地回答道："我的同桌琳琳也特别喜欢看漫画书，她平时都把好看的书带给我看，我有好的也要给她看。"

妈妈心里特别欣慰，表扬了朱君。

有时候，父母的一句话或是一个动作都会让孩子意识到自己做的事情是多么有意义。他们会享受这种被表扬的愉悦。

所以，父母要抓住孩子表现的机会，给孩子正面的支持，使孩子的人格更加完善。

建议五：让孩子在同伙伴的交往中学会分享

很多孩子在父母的溺爱中会产生自私的意识。他们不喜欢和别人分享自己的玩具；总是把自己喜欢的东西先占为己有。父母要让孩子走出去，经常和小伙伴接触。在交往中，孩子会和小伙伴一起共同分享活动带来的快乐。

此外，父母应该创造机会让孩子与他人分享，让孩子把自己的玩具、好吃的和小伙伴分享，让孩子学会关心别人，懂得分享是一种乐趣。

孩子不敢出去玩——克服恐惧心理

教子实例

甜甜已经开始上幼儿园了，还是胆小怕人，不敢在公开场合玩，不愿主动与人讲话，拒绝到人多的场合。

看到别的小朋友在一起玩，妈妈总是鼓励她走出家门，可是甜甜却说自己不敢。看到女儿这么胆小，妈妈很着急。

这天，朋友带着儿子壮壮来家里玩。在和壮壮熟悉之后，甜甜玩得很高兴。此时，壮壮提出要去小区花园玩。

甜甜却说："我不敢出去玩。"然后伤心地大哭起来。

妈妈看到了，立刻安慰甜甜，她不知道，孩子为什么不敢出去玩呢？

心理分析

社交恐惧症一般分为两类，一类为普通社交恐惧症，患此症的孩子，不管处于什么样的情境之下，都害怕自己成为焦点，担心被人注意，不愿与人交往争辩；

另外一类为特殊社交恐惧症，患有此类恐惧症的孩子，不敢上台演讲、害怕当众发言，但在别的交往场合中没有异常行为。

患有社交恐惧症的孩子，一旦暴露在使自己恐惧的环境之中，会紧张、心悸，甚至脑中出现一片空白，失去思维的能力，说话也会结结巴巴，有可能还会愣在当场，不知所措，严重影响孩子的心理发展与正常生活。

孩子之所以会患上社交恐惧症，有多方面的原因。一是个人先天内向的性格导致；二是家庭不良教育方式的影响；三是压力太大，或者经常独自一人，缺少与人交往的技巧；四是对自己要求过高，又深度自卑，害怕丢丑、失败的结果等等。

患有社交恐惧症的孩子，倾向于逃避令自己恐惧的环境、场所、人群，但越是逃避，社交恐惧的症状就会越严重。

所以，父母一旦发现孩子有社交恐惧的症状，就要及时去找原因，然后有针对性地帮助孩子克服恐惧心理，让孩子一步步走出孤独，离开黑暗，走向与人正常交往的生活。

给父母的建议

建议一：改变对孩子不良的教育方式

有些孩子之所以与人交往时胆怯害怕，是因为平时父母的教育方式过于粗暴、蛮横导致，孩子经常受到批评，没有解释的机会，得不到父母的温情，就会胆小、害怕，从而出现与人交往的障碍。

因此，父母要对孩子少批评、指责，多关心、表扬，鼓励孩子说出内心的想法，这样孩子慢慢地就会变得开朗活泼，与人交往困难的问题也会迎刃而解。

建议二：帮助孩子克服自卑提高自信

孩子有时候害怕与人交往，担心上台演讲，是内心自卑、害怕失败所导致。

小晴唱歌很好听，但她从来没有在公开场合唱过歌。一次，妈妈带小晴去朋友家做客，朋友请小晴唱首歌。

小晴不肯，妈妈鼓励她只要像平常一样就可以了。在妈妈的鼓励下，小晴勇敢地唱了出来，结果得到了朋友一家的好评。

父母要帮助孩子克服自卑的心理，提高孩子的自信，就需要从孩子的擅长之处开始，这样孩子逐渐就会克服恐惧的心理。

建议三：培养和提高孩子的社交技能

孩子不会应酬，没有社交的技巧，与别人的交往中，再经常出现问题，被人嘲笑等，会使孩子产生社交恐惧的心理。

因此，父母要培养和提高孩子的社交技能，让孩子学会友善待人，懂得文明礼貌，做到尊重别人等，这样孩子就会赢得别人的好感，社交时如鱼得水，恐惧心理自然消失。

建议四：消除孩子要求完美的思想

任何人都不可能十全十美，而一些孩子却认识不到这点，看别人时总倾向于看优点，而看自己时总盯住短处不放，做什么事情还一直要求达到完美，结果很容易产生自卑的心理，从而害怕与人交往。

父母要消除孩子要求完美的思想，让孩子认识到谁身上都有缺点、毛病和不足之处，这样孩子才能大胆地展现自己。

建议五：鼓励孩子多参加集体活动

集体活动有利于孩子全身心地投入，从而减少孩子对自己社交恐惧的注意力。

文文胆小，从来都不愿意与陌生人说话，玩耍时也是独来独往，不和其他小朋友一起玩，因此没有一个朋友。

爸爸见文文这样，就鼓励她多去广场玩溜冰。通过溜冰，文文认识了很多人，与人交往时，也变得胆大了许多。

孩子与人交往有恐惧心理，父母可以让孩子多参加他喜欢的活动，这样孩子注意力就会分散到活动上，从而不自觉地克服了恐惧的心理。

建议六：教给孩子一些克服恐惧的方法

父母平时要有意识地关注孩子的想法，教给孩子一些克服恐惧，变得放松的方法。这些都是简单的技能，孩子能够很快学会。

比如让孩子在恐惧时学着深呼吸，双眼毫无畏惧地看着对方，或者做一些放松的动作等。这些都能够缓解孩子的恐惧心理，对平息孩子的恐惧心理会有很大的帮助。

我就不想理他——教孩子礼貌待人

教子实例

周末，爸爸要加班，马悦就和爸爸一起去了公司。在公司里，爸爸让马悦向其他前来加班的同事打招呼，马悦却不开口。

爸爸的同事对马悦说："呦，真是一个有个性的小男子汉啊！"马悦直接转过头去，不再理人。

等到同事笑着离开后，爸爸问马悦："叔叔和你打招呼，你为什么不理他呢？这样很没有礼貌啊。"

谁知马悦不高兴地对爸爸说："我就不想理他。"然后，不管爸爸怎么说，他都不再开口说话。

心理分析

文明礼貌是拉近孩子和他人之间沟通距离的一座桥梁，懂礼貌的孩子更容易让别人接受，成为一个受欢迎的人，所以父母要从小培养孩子讲礼貌。

文明礼貌看起来是孩子的外在行为，其实是孩子内在修养和个人品质的体现。在孩子的启蒙阶段，模仿力强，对好的影响吸收得较快，但对于坏的影响也容易记住，因此父母要通过自身的文明礼貌，来教育孩子懂得文明礼貌。

每个家庭里，父母是孩子的第一任老师，父母无意识的言谈举止，会对孩子产生很大的影响。孩子可塑性强，缺乏判断能力，常常会把父母的言谈举止变为自己的行为准则。

在孩子的意识中，父母是最可信赖的，孩子希望仿效父母来塑造自己。这种依附和模仿的需求，决定了父母对孩子的影响是直观的、潜移默化的。

有教养的孩子会在社会上受到更多人的欢迎，从而得到很多成功的机会。小时候在父母的粗鲁、不懂礼貌的教育下学习礼貌的孩子，他会将文明礼貌作为父母对自己的强迫性教育，会产生逆反心理，不会将文明礼貌作为一种必须遵守的行为规范。

文明礼貌不仅可以为孩子的人生带来快乐，而且可以帮助孩子走向成功。讲究文明礼貌也是孩子和他人之间相处时所必须具备的规范。一个彬彬有礼的孩子更容易为他人留下好的印象，人们会从他们的举止看出他们的内在品性。

孩子的文明礼貌不是与生俱来的，也不是一蹴而就的，是一个长期的潜移默化的过程。

认为孩子年龄小，树大自然直等的想法都是错误的，从小养成的习惯保持得会更久。

文明礼貌不仅是孩子自身素质的体现，也能有助于孩子形成对待事物的独到的观点和豁达的心胸。此外，只有每个人都懂得文明礼貌，社会才会更加和谐。

给父母的建议

孩子的文明礼貌不是天生的，要靠父母有意识地培养。父母既要让孩子懂得文明礼貌的重要性，又应该教给孩子如何做才是文明礼貌。

建议一：父母要身体力行

父母的言行举止是对孩子最直观、最有效的教育，父母要在平时的生活中及待人接物上做到文明礼貌，做孩子的榜样。

周叔叔是涛涛爸爸的好朋友，两个人经常在一起讨论各种问题。每次周叔叔来家里，爸爸都热情招待。涛涛在爸爸的影响下，也变得特别懂礼貌。

父母要提高自身修养，做孩子的表率，在生活中时时处处做到文明礼貌，友善地对待身边的亲人、朋友、同事等，为孩子创造一个文明礼貌的家庭环境。

孩子会将父母的行为看在眼里，记在心上，潜移默化之中，孩子也会变得文明礼貌。

建议二：帮助孩子树立自尊和尊重他人的意识

自尊就是自己尊重自己，不受到他人的侮辱；尊重他人，就是鼓励孩子学习他人的优点，放大别人的长处，不以自己的优点去嘲笑他人的缺点。

在生活中，父母要让孩子主动说礼貌用语，主动帮助他人，帮助孩子树立自尊和尊重他人的意识。

一次，雅文的爸爸在饭店里请一位朋友吃饭，他把雅文带去了。刚吃完饭，雅文心里惦记着看动画片，就向爸爸提出先回家，可是爸爸拒绝了。

回家后，爸爸对雅文说："我请客，你就是小主人。如果主人先于客人离开，那是对客人的不尊重。"雅文听了爸爸的话，觉得很有道理，今后只要有客人来，她都会争当好主人。

在日常生活中，父母要教育孩子学会尊重他人，比如教育孩子主动和认识的人打招呼，不说脏话，不叫别人的外号，不嘲笑残疾人，看到别人深处困境时不要幸灾乐祸，要主动伸出援助之手等。

父母还要让孩子站在他人的角度体会得不到尊重的感受，让孩子自觉地做到尊重他人，并且还要告诉孩子，尊重他人是孩子获得他人尊重的前提，也是尊重自己的体现。

建议三：严肃对待孩子的不礼貌行为

孩子的年龄小，往往辨别能力差，很难区分正确的和错误的行为，有时候说脏话、顶嘴、做出不文明的行为都是出自好奇，或是对身边人行为的模仿。但是只要孩子出现了不文明的行为，父母就要向孩子表明自己的态度，让孩子意识到自己是错误的。

一天晚饭后，京京聚精会神地坐在沙发上看动画片。爸爸不小心踩到了他的脚，京京当时就不高兴了，还冲爸爸喊道："你没长眼睛啊，没看见我的脚啊？"

听到京京不礼貌的话，爸爸很生气地对京京说："你说脏话是不对的，我们家里不欢迎说脏话的人。以后不管别人做错了什么，都不要说脏话。"

京京还狡辩道："班里很多同学都这样说。"

爸爸说："我们家都是讲礼貌的人，谁也不许说脏话。"

从那之后，京京就没再说过脏话。

父母不要对孩子的行为不屑一顾，那样会为孩子传达错误的信息，孩子意识不到自己的行为是不符合礼貌规范的。

父母要明确地指出孩子的错误，告诉孩子不礼貌的行为是不允许的。孩子走出家门时，父母的教育也会对孩子的言行起到约束作用。

建议四：在公共场合表扬孩子的礼貌行为

父母要善于把握教育孩子讲礼貌的时机，在生活中要随时随地对孩子进行教育。孩子希望得到父母的肯定和认可，也希望得到他人的表扬。因此，在关键时机，比如在公共场合表扬孩子，会收到事半功倍的效果。

当孩子做出某种文明礼貌行为时，父母要及时加以肯定和表扬，孩子会在父母的表扬和他人赞赏的目光中自觉地将文明礼貌作为自己的内在感知，养成好习惯持续下去。

当然，当孩子做出了不文明礼貌的行为时，父母也要及时加以批评指正。

你怎么又吵架了——孩子吵架了

教子实例

王念刚上幼儿园没几天，就经常脸上带着"彩"回来，妈妈问他是怎么搞的，王念躲躲闪闪不肯说。时间长了，妈妈非常心疼王念。一天，偷偷跟着王念来到了幼儿园。

下课后，小朋友们排着队玩滑梯，王念排在最前边。一会儿，后面来了一个小女孩，非要站在王念前边，王念当然不愿意，两个孩子就大声吵了起来。

王念的嗓门最大，吵着吵着还动起手来。妈妈看见了，就赶紧过去拉开他们，那个小女孩吵不过王念，就指着王念的鼻子说："你这个'大嗓门'，我不跟你吵了。"

王念一听"大嗓门"就急了，凑到那个小女孩面前，吵得更凶，那架势把妈妈都吓坏了。

心理分析

孩子跟小朋友吵架是常事，而且通常根本没有原则上的谁对谁错，因为一件玩具、因为一块点心、因为先来后到等小事，孩子都能吵起架来。

其实，这是因为孩子还小，还不会用其他温和的方式与人相处、解决问题，完全涉及不到道德问题。

孩子与别人吵架，总会有一方吃亏，父母不要得理不饶人，而且还要学会包容对方，不要把矛盾扩大化。孩子们吵完架，通常过不了多久就又好了，不必非要争出个你对我错来。

孩子争吵时，如果父母在身边，要采取正确的方式解决矛盾，让孩子冷静下来，心平气和地解决问题。作为父母，不能看到孩子吵架了就责骂孩子，或者袒护孩子，不顾及别人的感受。

孩子融入小集体是走向社会的开始，教会孩子正确与他人相处是一堂必修课，父母要引导孩子正确处理矛盾，用温和的方式解决问题，不要做只会吵架打人的"暴力狂"。

事后，父母要让孩子意识到自己的错误，教会孩子从小做以理服人的人，这对孩子性格的发展和品德的提高都是非常有利的。

给父母的建议

孩子又吵架了？有些父母为了尽快息事宁人，就会冲着孩子一阵责骂和恐吓，让孩子懂得畏惧，以后再也不犯类似的错误，其实父母这么做是不对的。

建议一：首先要了解孩子为什么吵架

看到孩子吵架，父母不要头脑一热就上前阻止。孩子发生争吵很正常，只要不是太激烈，父母不妨在旁边问一下孩子为什么会吵架，做到心中有数，不要着急阻止，也许，经过一阵争吵孩子们就会统一意见，自然就不会吵架了。

如果矛盾激化了，了然于心的父母再进行协调，争吵也就容易解决了。

建议二：吵架后，父母不要着急评判是非

有些父母一看到孩子吵架，脑袋里首先想到的是"谁做错了"、"谁有理"，或者赶紧给孩子主持公道。不分青红皂白，着急主持公道，会让孩子觉得吵架很严重；不听孩子的解释，不了解孩子的内心，会让孩子心生怨恨。

仔细问清楚了孩子争吵的矛盾所在，然后进行适当的调节，没必要把事态扩大化，一般的，让大家相互认个错就完了。

建议三：父母引导孩子正确处理矛盾

孩子争吵，如果父母引导不当，往往会产生消极的影响。孩子语言能力有限，说着说着有时就吵了起来，父母作为中间人，要尽力调和，引导孩子用正确温和的方式解决问题。

不要让孩子认为"他打你，你就打他"、"他骂你，你就骂他"这才是正确的。激化矛盾，会让孩子产生更强的攻击欲望。

因此，父母要学会引导孩子正确处理矛盾，而不是激化矛盾。

妈妈在午休，忽然听见了哭声，就赶紧跑到院子里，发现儿子熙熙正跟邻居家的小男孩虎子争吵，朵朵则坐在地上哇哇大哭。

妈妈拉起朵朵，熙熙跟虎子继续吵，妈妈好不容易才拉开他们。

"妈妈，我们玩捉迷藏，朵朵看见虎子了，他不承认，还把朵朵推倒了，所以我才跟他吵起来的。"

"阿姨，朵朵明明没看见我，她先看见熙熙的。"

朵朵抽泣着说她的确先看见的是虎子。

"熙熙、虎子，你们都是小小男子汉，因为这么点小事就吵架？朵朵是个女孩子，她说看见谁了就是谁好了，你们要让着女孩子，不是吗？"

听了妈妈的话，熙熙和虎子不吵了，还相互谦让起来。

其实，有时孩子间的矛盾就那么一点，父母稍微一引导，孩子就知道该怎么做了，没必要非分出谁对谁错来。

建议四：让孩子学会谅解宽容对方

从小就要培养孩子谦让、宽容的美好品质，学会理解原谅别人。孩子经常跟别人吵架，往往是不够宽容，太过斤斤计较。善于谅解宽容别人的孩子，很少会跟别人争吵。

6岁的沈智是个好孩子，小小年纪就比较稳重，很少跟其他小朋友闹矛盾。

妈妈给沈智买了一个大大的米奇气球，沈智玩得不亦乐乎。忽然幼儿园的同学小明走了过来，一把将气球夺了过去，自己玩了起来。妈妈担心沈智会哭，但过了一会儿沈智什么反应也没有。

"沈智真乖，小明夺了你的气球，都没有跟他理论争吵。"

沈智感觉委屈，但他还是说："妈妈不是说争吵解决不了问题吗，那我就让他玩一会儿好了。"

听了沈智的话，妈妈真为沈智高兴。

只有学会了谅解和宽容，才懂得原谅，才会减少与他人的摩擦。很多孩子就是因为平时太爱计较，而变成了大家都讨厌的"吵架王"。

孩子总爱咬人——咬人并没有恶意

教子实例

周末，谢强妈妈带2岁的谢强去儿童活动中心玩，强强跟其他小朋友玩得很好。然后妈妈就走到一边自己看书去了。

过了大约半个小时，妈妈听见"哇"的一声，有人哭了。她赶紧跑过去，原来是跟强强玩得很好的涓涓哭了。

"啊，好疼啊，强强咬我，他咬我。"涓涓捂着脸蛋哇哇大哭。

强强站在一边，愣愣地看着涓涓，一副不知所措的样子。

妈妈着急了，赶紧跑过去安慰涓涓。原来强强跟涓涓在抢吃的，强强抢不过来，就咬了涓涓的脸。妈妈费了好大劲，才哄住了涓涓。

妈妈不由得开始担心，强强为什么喜欢咬人啊？

心理分析

一般的孩子在2岁左右时，最喜欢用嘴巴咬东西，那段时间是口腔的敏感期，孩子在长牙，会感觉到很痒，所以才会找东西来咬，缓解不舒服的感觉。等孩子长出牙之后，慢慢就不会咬人了。孩子喜欢咬人，通常是没有恶意的。

除了长牙的原因之外，孩子感觉有人欺负自己，或得不到自己想要的东西时，也会下意识地用咬人来表达心中的不满，来引起别人的注意力。孩子并不是想要伤害他人，只是因为无助和恐惧。

父母不要把孩子喜欢咬人当做一件非常严重的事。有些孩子一咬人父母就会打一下孩子的嘴巴，希望孩子能记住教训。这种惩罚方式对孩子不公平，父母应该教导孩子，而不是直接惩罚没有是非意识的孩子。

通过咬人来表达自己的意愿是不正确的行为，父母要教会孩子用其他方式表达意愿，跟他人交流。让孩子知道，不满和疑问都可以用其他方式提出来，咬人并不是唯一的方式。

如果孩子的咬人行为随着年龄的增长不仅没有消除，反而更加严重，那父母就需要特别注意了。要赶紧自我反省一下是不是家庭教育出了问题，必要时，要带着孩子去看医生。心理不健康的孩子，很容易出现咬人这种泄愤行为。

一般的，孩子咬人是正常行为，父母不要理解为恶意中伤，慢慢教导孩子，用其他方式表达自己，孩子就会改掉咬人的习惯。

给父母的建议

很多精力旺盛的孩子在不满和生气时就会采取过激行为——咬人，这是一种典型的不会正确表达意愿的行为。父母要及时纠正孩子的不良行为。

建议一：让孩子意识到咬人是不对的

孩子咬了别人，父母总是忙着安慰受害人，然后斥责孩子的粗暴行为，很少有人会询问孩子为什么要咬人？孩子到底想要干什么？明白了孩子的想法，然后再告诉孩子咬人是不对的，孩子才会有改正意识。

3岁的爱罗经常咬比他大两岁的哥哥。因为哥哥总是嘲笑爱罗又矮又胖，非常丑陋。妈妈告诫他，以后再咬哥哥就会挨揍。

然而，爱罗还是改不掉爱咬人的坏习惯。一天，爱罗又咬了哥哥，妈妈把他拉到一边，训斥他："为什么又咬你哥哥，你是不是想挨揍了？"

"哥哥他总是嘲笑我又矮又胖。"爱罗也很委屈。

于是妈妈拍着爱罗教育他说："孩子，牙齿是用来咬食物的，你不可以咬哥哥。你咬了哥哥，哥哥会很疼的。"

爱罗听了妈妈的话，点了点头。

孩子咬人并没有恶意，只不过是想要表达自己的生气或恐惧，父母要让孩子意识到咬人是不对的，那样会伤害到别人。

建议二：教会孩子换位思考

有时候跟孩子讲道理还是听不进去，让孩子换位思考一下，站在被伤害人的角度上，孩子就能清楚地意识到自己的错误。这比千篇一律的说教要有用得多。

建议三：教孩子一些社交技巧

4岁以前的孩子表达能力比较差，一着急就容易采用过激行为——咬人。他不知道如何表达自己的意愿，如何才能解决不满意的情况。所以父母要适当教孩子一些社交技巧，让孩子用正确的方式表达自己的情感。

可心是一个很乖巧的小女孩，在幼儿园里很受大家的欢迎，就是脾气有些暴躁。一天，午睡时，同学芸芸怎么也不睡，还在一旁哇哇大哭，吵得大家都睡不着觉。

可心听了很烦，就冲过去一口咬住芸芸的胳膊，嘴里还振振有词："叫你哭，叫你哭，我咬死你。"

后来妈妈知道了这件事，就对可心进行了教育，让她遇事不能再这么鲁莽，要学会关心他人，用语言跟别人交流。

教给年幼的孩子一些简单的社交技巧，和一些基本原则，能避免孩子采用偏激的办法伤害别人，有助于提高孩子的沟通能力和表达能力。

妈妈，他们不和我玩——面对"被孤立"

教子实例

最近上幼儿园大班的明慧一回到家就撅着嘴，不满地跟妈妈抱怨："妈妈，我们班的张兰又不跟我说话了，现在所有小朋友都不跟我玩了，我该怎么办啊？"

妈妈细细查问了明慧，张兰为什么忽然不理她了。

一次，大家在玩滑梯时，张兰排在明慧后面，但是她非要在明慧之前玩，明慧当然不肯，于是张兰就生气了。

下课之后，张兰告诉其他小朋友，再也不能和明慧玩。

"那为什么所有小朋友都听张兰的话啊？"妈妈不解地问明慧。

"因为她是我们班级的头儿，大家都听她的。"明慧说得理所当然。妈妈一时也感到很为难，不知道如何帮助明慧解决问题。

心理分析

孩子被孤立的原因多种多样，很多时候孩子不会正确跟他人相处，很容易出现矛盾，久而久之，矛盾得不到及时解决，孩子就容易被孤立。

现在独生子女越来越多，孩子都是家里的"小皇帝"和"小公主"，有时，难免会养生以自我为中心的习惯。凡事都只想自己，不在乎别人的感受，让其他小朋友特别不喜欢自己。

还有的孩子不合群，不知道该如何融入集体，只能一个人静静地待着，长此以往，会变得越来越孤僻，慢慢地就会被大家孤立。

要让自己的孩子不被孤立，很好地跟他人相处，父母就要教会孩子正确处理与其他小朋友的矛盾，做事不要只想自己，要非常大度，懂得跟他人分享。孩子的成长离不开朋友，孩子的快乐不能没有朋友，孩子会与他人"玩"，才能拥有最快乐的童年。

父母不要把孩子保护得太好，怕孩子受委屈，也不要过多参与到孩子的人际交往中去，做父母的，只要在背后教会孩子方法即可，过度参与不利于孩子的成长，有时反而更容易被小伙伴排斥。

通常孩子走进幼儿园时开始接触社交，这个过程孩子难免会不适应，父母不要大惊小怪，慢慢教会孩子相处之道，孩子自然就不会被孤立。

给父母的建议

所有的父母都希望孩子能够很好地跟他人相处，不被孤立，但孩子却偏偏相反，经常出现被孤立现象，那父母在孩子被孤立之后应该怎么做呢？

建议一：不要让孩子以自我为中心

现在的家庭独生子女比较普遍，全家宠着一个孩子，孩子要什么给什么，慢慢地，孩子就容易养成自我为中心的习惯。上了幼儿园，如果还是像在家一样跟别人相处，特别容易被大家所孤立。

以自我为中心的孩子，说什么就是什么，希望大家都围着自己转，从不懂得谦让，不懂顾忌其他小朋友的感受。

在幼儿园里王朝经常和其他小朋友玩过家家的游戏，大家每次都必须按照他的要求扮演角色，每次他都要扮演皇帝。谁要是跟他抢，他就会生气，冲着别人尖叫。

一次，小兵不满王朝的安排，他非要代替王朝演皇帝。王朝一听立刻就不愿意了，他指着小兵的鼻子说："我说我是皇帝，就只能我做皇帝，其他人都不行。"

其他小朋友一听都生气了，大家相约走开，之后谁也不理王朝了。只剩下王朝一个人呆在原地，慢慢哭了起来。

妈妈问清原因之后，告诉王朝："你不能让其他小朋友都听你的话，你不能指挥别人干什么。你也要学会听听别人的话，大家一起商量着来。"

小王朝好像意识到了错误，低着脑袋小声说："以后我要跟其他小朋友轮流扮皇帝。"

在家里父母一般都会顺着孩子，不愿意违背孩子的意愿。但在集体里，孩子要想学会跟同龄人友好相处，就一定不能以自我为中心。

建议二：教会不合群的孩子融入集体里

有些孩子进入幼儿园很难适应集体生活，不是单独行动，就是容易与他人发生矛盾，最后被群体孤立，这是典型的不合群的表现。平时父母要有意识地教会孩子如何融入集体里。

龙庆今年刚3岁，妈妈把他送进了幼儿园。白白净净的他长得非常可爱，但却不合群，总是一个人呆着。

刚开始，他拿了好看的玩具，会有其他小朋友来跟他一起玩，但他表现得极不友好。其他小朋友都三三两两的在一起，他只能自己孤单地坐着。有时勉强和小朋友一起玩，没过一会儿也会出现矛盾。久而久之，龙庆彻底被孤立了。

龙庆变得越来越孤单，爸爸妈妈非常担心。之后，他们经常带着龙庆去参加集体活动，在活动中，龙庆慢慢学会了跟他人相处，跟他人协商，跟他人玩耍。

在父母不断积极地给龙庆创造机会之后，龙庆不合群的毛病好了很多。

父母带着孩子多参加集体活动，让孩子慢慢熟悉与人相处的过程，在幼儿园里就能自然而然地融入集体，不会再出现不合群被孤立的现象。

建议三：教会孩子大度，不要斤斤计较

没有人喜欢吹毛求疵、斤斤计较的人，孩子也不例外。父母在与孩子相处的过程中，要让孩子学会宽容大度，明白谁都有长处，谁都有不足，不要抓着别人的缺点和错误紧紧不放，要正确地认识他人，正确地认识自我。

大度的品格于己于人都是有利的，对自身的发展和人际沟通都有所裨益。

建议四：发生矛盾时孩子要学会处理

孩子之间发生矛盾是很正常不过的事情，关键是发生矛盾时要会处理，将矛盾消融，孩子间的关系依然会很融洽。孩子做错事要学会跟小朋友道歉，得到对方的原谅；与别人产生误会，要及时去解释沟通，如此，孩子间的友谊方能长存。

很多孩子被孤立，往往就是不会处理矛盾，听之任之，有理也不说，一直让别人误解。因此，父母一定要教孩子学会自我处理矛盾。

和人说话脏话连篇——净化语言环境

教子实例

晴川刚上幼儿园没几天，爸爸妈妈就经常从他嘴里听到一些脏话。

"你是猪啊"、"笨蛋"、"傻子"这些话经常从晴川嘴里蹦出来，起初爸爸妈妈吓了一跳。

爸爸妈妈都是文明人，平时很注意自己的言行，但晴川却学会了说脏话。

一天，妈妈去幼儿园接晴川，刚走到门口，就听见晴川跟其他小朋友正在对骂。

"晴川，你这么笨，你就是个猪。"一个个头高大的男孩子冲着晴川叫嚷。

"你才是猪呢。"晴川也不甘示弱。

"妈的，你这个笨蛋，傻子。"

妈妈终于明白了，晴川是跟着其他小朋友学会了骂人说脏话。妈妈带着晴川回家了，这才避免了两个人继续对骂。

心理分析

说脏话是一种极不文明的行为，是没教养的表现。父母要教育孩子不能说脏话，否则养成坏习惯就很难改正。

孩子小，没有什么是非观念，好奇心又强，喜欢模仿，偶尔听到别人说脏话，就忍不住来学，他们不知道是什么意思，只是为了好玩。

有的父母素质偏低，忍不住在孩子面前说脏话，孩子很自然就学会了。或者父母吵架，当着孩子的面，相互指责，相互谩骂，孩子受到不良影响，就认为说脏话没有什么不对。

为了杜绝孩子说脏话，父母平时要注意自己的言行举止，给孩子创造一个文明的生长环境，减少孩子听到脏话和模仿的机会。

当然，说脏话也不是难以饶恕的事，有些父母听见孩子嘴里蹦脏话，很容易勃然大怒，很气愤地责怪孩子，让孩子意识到错误。其实，这么做反而会起到强调作用，让孩子铭记于心。

孩子偶尔听到脏话来模仿也是难免的事，父母要教会孩子正确表达，让孩子明白说脏话是不文明的行为，要改掉说脏话的习惯，用文明语言来表达自己。

通常人们都说，"有什么样的父母就有什么样的孩子。"这句话也不是完全没道理的。父母要给孩子树立榜样，从杜绝自己说脏话开始，为孩子净化语言环境。

给父母的建议

孩子脏话连篇，父母不要感觉丢脸，责骂孩子，而要从平时开始，教会孩子正确地表达，让孩子改掉说脏话的习惯。

建议一：不要当着孩子的面说脏话，孩子容易模仿

孩子说话是从模仿开始的，父母不要以为孩子什么也不懂，就肆无忌惮地说脏话。孩子容易模仿父母的言行举止，父母不顾及形象，就会教出脏话连篇的孩子。

妈妈和田文一起吃晚饭，看到不喜欢吃的鱼，田文一推碗筷，说："妈的，难吃死了。"

妈妈生气地跟田文说："你小小年纪，怎么能说脏话呢？"

田文有些被吓到，她忐忑地说："昨天爸爸就是这么说的，然后饭店里的漂亮阿姨就给爸爸换了一盘菜。"

后来，妈妈跟爸爸谈到了这件事。爸爸向田文道歉，并告诉她说脏话是不对的，希望田文能改正。最后，田文乖巧地点头答应了。

孩子跟父母呆在一起的时间最长，容易以父母为模仿对象，所以父母不要随意说脏话，让孩子效仿。如果父母不小心说了脏话，要让孩子明白这是错误的，要及时改正。

建议二：不要强化孩子的说脏话行为

父母在发现孩子说脏话后，总是苦口婆心地反复劝说，不要再说了。要不就会狠狠责骂，孩子再说脏话就会受到惩罚。但有关研究证明，这种方式通常不怎么管用，孩子还是照样说脏话。

孩子一般都不知道脏话是什么意思，父母冷处理即可。否则父母反应过大，反而更容易让孩子记住。

建议三：平时多教孩子说文明用语

有句话说的好："如果你的心里没有鲜花，就很容易生出杂草。"平时父母多教孩子一些文明用语和礼仪，能避免孩子变得粗鲁和脏话不断。用良好的行为习惯影响孩子，孩子会受益一生。

柳昕虽然刚4岁，却是出了名的"优雅小公主"。她举止优雅，说话礼貌，对人非常和气，从不说脏话。

每次家里来了客人，妈妈会让昕昕出来一一打招呼，在跟大家说话时，也经常说"请"、"谢谢"、"麻烦了"等礼貌用语。

就算偶尔做错事，昕昕也能很礼貌地跟大家道歉，让人很容易就原谅她了。

妈妈还经常给昕昕讲有关文明礼貌的小故事，陪她看相关的影视剧，这种潜移默化的影响，让昕昕从小就远离脏话了。

想要孩子成为什么样的人，父母要从小教育孩子。多教孩子礼貌用语，用正确文明的方式与他人交流，孩子自然就少受不好的影响，从心理上会抵制脏话。

第 *05* 章

习惯决定孩子一生——
从小培养良好的习惯

你怎么又尿床了——改掉尿床毛病

教子实例

庆苏刚上幼儿园，最近不知道什么缘故，他尿床的次数越来越频繁。以前平均每周尿床2次，最近几乎天天尿床。妈妈非常着急，一直批评庆苏。

有一次，妈妈问庆苏："你最近怎么回事啊，怎么老尿床。"

庆苏不好意思地挠了挠头，说："我也不知道啊，我每次做梦都在找厕所，所以做着梦我就尿床了。"

后来爸爸告诉妈妈说："你也别着急，孩子上了幼儿园每天挺累的，所以睡得比较熟，我们慢慢想想办法，帮助孩子改掉尿床的毛病吧。"

妈妈看着庆苏，叹了口气，只能按照爸爸的提议做。

心理分析

孩子尿床是一个很让父母头疼的问题。一般的孩子在四五岁之后，尿床的次数会大大减低，但依然有个别的孩子因为其他原因长期尿床。孩子各方面的条件不同，尿床状况也不同。

孩子经常尿床的原因有很多，有的孩子如厕习惯不固定，有的孩子因为精神压力大，有的孩子因为白天玩得太过劳累等，总之父母要时刻关心孩子的生活状况，在第一时间为孩子排解难题。

有些父母认为孩子尿床不是什么大事，等孩子长大了自然会好。这种放养式的教育方法是不可取的。如果孩子养成了长期尿床的习惯，以后就很难改正了。

有关研究证明，孩子越大，越难改掉尿床的习惯。他们在改正习惯时，要比年纪小的孩子承受着更大的压力。

当然，尿床也并不是十恶不赦的事。父母不要小题大做，嘲笑孩子，甚至给孩子施加太多的压力。有的父母喜欢到处说孩子尿床的事情，这么做会伤害孩子的自尊。

还有些父母喜欢吓唬孩子，说孩子要是再尿床下次就要惩罚。诸如此类的做法极不科学。孩子经常尿床，本来就已经很不好意思，很愧疚，父母再狠狠责备孩子，只会让孩子失去改正不良习惯的信心。

总之，父母要学会恰到好处地帮助孩子，既不伤害孩子的自尊，还能让孩子改掉尿床的毛病。

给父母的建议

孩子习惯尿床，是生活中很普遍的事。想要让孩子改掉尿床的毛病，父母不妨看看以下几点建议。

建议一：孩子的日常起居要规律

通常孩子在白天玩得比较累，晚上就容易尿床。父母要监督孩子的日常生活，最好让孩子养成午睡的习惯。晚上睡觉前也不要玩得太累，大脑兴奋过度，也会促发夜里尿床。

白天让孩子得到适当休息，晚上入睡之前让孩子适当放松，长期保持下去，孩子就不会出现尿床的情况了。

王走走上幼儿园的大班，之前跟很多小朋友一样，中午偷偷地玩，不睡午觉。所以，每天晚上都睡得比较沉，很容易尿床。

后来妈妈知道了走走不睡午觉，就悄悄跟幼儿园的老师打了招呼，让老师格外关照一下走走——每天中午监督走走睡午觉。

晚上回到家，睡觉前，妈妈会提前把走走抱进房间，给他洗洗澡，放松一下。或者讲些小故事。慢慢地，走走就不尿床了。每次夜里总能自己醒来上厕所。

孩子的生活不规律，玩得太累得不到充足休息，就很容易会尿床。养成良好的起居习惯，是预防孩子尿床的有效途径之一。父母不妨试试，给孩子制定一个小计划，孩子逐渐就会改掉尿床的毛病。

建议二：孩子睡前要及时排尿

面对经常尿床的孩子，父母要督促孩子进行睡前排尿。一般的睡前两小时就不要再喝大量的水或饮料。

其次，父母半夜里可以询问一下孩子想不想上厕所。如果孩子想上厕所，父母就可以陪同孩子一起去。慢慢地，孩子自己就会养成夜间上厕所的习惯，不会再轻易尿床。

孩子及时排尿后，父母要给孩子一些表扬和鼓励，加强孩子改掉尿床习惯的信心。

建议三：父母不要抓着孩子尿床的事不放

父母对尿床的孩子要尽量宽容一些，不要一味指责。可以数落孩子的不是，但千万不要小题大做，抓着孩子的事不放。不然，明明是件小事，反而很容易造成孩子心头的阴影。嘲讽孩子、一直数落孩子、惩罚孩子、对外宣扬孩子尿床的事，都会起到反作用。

让孩子明白尿床是不对，然后想办法跟孩子一起解决问题才是关键。奚落责骂孩子，起不到良好的作用。

建议四：父母要帮助孩子疏导紧张心理

孩子也有自己的心事和烦心事，父母要学会帮助孩子排忧解难，疏导紧张焦虑的心理。研究证明，孩子在焦虑不安的状态下，尿床的几率会大大增加。孩子比较敏感脆弱，不太懂如何排除紧张心理，父母要及时帮助孩子。

王毅是个比较胆小的男孩，看起来有点怯弱。最近一段时间，王毅睡觉总是皱着眉头，还经常尿床。妈妈问王毅怎么了，王毅支支吾吾地说不上来。

于是妈妈就去找幼儿园的老师问王毅的情况。从老师那里了解到，王毅午睡也尿床。老师说，最近一段时间每天都进行游戏测试，王毅一紧张就想要上厕所。

回到家里，妈妈推心置腹地跟王毅聊天，安慰他，凡事不要害怕自己做不好，不要害怕别人会嘲笑自己，只要自己尽力了就可以。

之后，妈妈时常关注王毅的心理变化，宽慰王毅，让王毅的心理变得更健全。过了一段时间，王毅尿床的毛病就得到了缓解。

孩子的心灵很脆弱，遇见一些小事就容易紧张不安，情绪反应比较大。有了心理负担，孩子就容易尿床。因此，父母要做孩子的心理疏导老师，适时为孩子排忧解难，让孩子无心理上的包袱。

把手指拿出来——孩子爱吃手指

教子实例

小跃然性格比较内向，最近多了个坏习惯，喜欢把手指放在嘴里吮吸，妈妈反复说了她好几次，小跃然就是不当回事。

慢慢地，小跃然吃手指的习惯越来越严重，有时，会把几根手指一起放在嘴里。

有一天，小跃然从幼儿园回来就哭着说肚子疼，妈妈立刻把她送进了医院。医生告诉妈妈说："小跃然肚子疼是细菌感染造成的，这孩子最近是不是吃了不干净的东西？"

妈妈想了想，赶紧告诉医生说："这孩子天天喜欢吃手指，肯定这样把细菌带进了肚子里。"

"要想办法让孩子改掉爱吃手指的习惯。孩子每天接触的细菌很多，老吃手指危害多。"

妈妈听了更加头疼了。

心理分析

孩子在出生之后就有吮吸的本能，所以天生对吮吸有一种热衷。孩子在饥饿得不到满足或睡醒后感到无聊时，就喜欢吃手指，久而久之就养成了吃手指的习惯。

心理学家经过研究证明，孩子吃手指可以消除紧张、不安和恐惧，对脆弱的孩子来说，吃手指就是一种与外界的交流，就是一种自我表达。

随着孩子年龄的不断增大，孩子出现在公共场合的机会大大增加，在玩耍上学的过程中，手指会接触大量的细菌，如果孩子有吃手指的习惯，很自然地就会把细菌带进身体里，患上各种疾病。

　　3岁以前，孩子吃手指属于正常行为，3岁之后热衷吃手指就需要重点关注了。孩子吃手指危害大。不仅能把外界的细菌带入身体，而且容易造成牙齿变形，发音不准。同时，手指经常泡在嘴里会造成脱皮、肿胀或感染发炎。父母要有意识地帮助孩子改正这种不良习惯。

　　孩子喜欢吃手指的原因有很多，父母要及时注意，不可掉以轻心，帮助孩子克服坏习惯。

　　纠正孩子吃手指的习惯，是个长期过程，父母不要失去耐心，用暴怒的态度面对孩子。要用平和的态度，悉心教导，循循善诱，让孩子改掉吃手指的坏习惯。

给父母的建议

建议一：观察孩子在什么时候喜欢吃手指

　　有的孩子在独处时喜欢吃手指，有的孩子遇到陌生人时会把手指放进嘴里吮吸，有的孩子看到别人吃好吃的时候会忍不住吃手指。父母观察之后，再根据相应的情况作出应对。

　　如果孩子因为无聊而吃手指，父母不妨陪孩子做会儿游戏；如果孩子因为看到陌生人好奇而吃手指，父母可以向孩子介绍对方是谁，来满足孩子的好奇心；如果孩子因为想吃好吃的咬手指，父母可以给孩子一些食物，来抑制孩子唾液的分泌。

　　总之，了解了孩子吃手指的原因，才能更好地对症下药。

建议二：让孩子明白吃手指的坏处

　　孩子吃手指坏处大，大人们都知道。但孩子却不一定知道，父母不让吃手指是为了保护孩子的健康。父母要随时提醒孩子，让孩子加以改正。说话时语气不要过于严厉，要心平气和地跟孩子说。

　　孩子一旦切身体会到了吃手指的危害，就会有意识地改正。

　　陶毛毛的妈妈是个医生，平时对毛毛的卫生问题很关注，但毛毛始终改不掉爱吃手的毛病。有时，妈妈一个不注意毛毛就把手放进了嘴里，妈妈很担心，长此以往，毛毛肯定会患病。

　　周末，妈妈在医院值班，把毛毛也带进了医院。妈妈带着毛毛来到儿童病房门口，医生正在给一个孩子打针。

毛毛有点害怕，怯怯地问妈妈说："妈妈，那个小朋友为什么要打针啊？"

"因为他老喜欢吃手指，把细菌都带进了肚子里，所以生病了。没办法，医生只能给他打针了。"

回家后，毛毛不再经常吃手了。偶尔一两次无意识地放进嘴里，妈妈就会说："你忘记了吃手指的危害了吗？"

毛毛立刻就把手指拿了出来。之后，毛毛很自然地改正了爱吃手指的坏习惯。

平时父母一味地耳提面命不能让孩子明白吃手指的危害，只有让孩子深切体会到，孩子才能自主地改掉吃手指的习惯，这比任何方式都有效。

建议三：不要强硬地责令孩子把手拿出来

一些父母看见孩子吃手指，就忍不住发脾气，语气强硬地责令孩子把手指拿出来。孩子迫于父母的威严，不得不按照父母的要求来做。

但往往孩子的坏习惯更难改正。这么做会让孩子感到紧张和焦躁，产生严重的心理负担，有时还容易引起孩子的对抗心理。无意识中加强了吃手指给孩子的影响，让孩子对吃手指更依赖。

心平气和地教育孩子，用耐心包容孩子，用爱心感化孩子，效果会更明显。父母千万不要责令孩子改掉坏习惯。

杜晴今年4岁了，一直喜欢吃手指，而且这种兴趣一天比一天厉害。爸爸担心杜晴的健康，每次看见她啃手指就大声斥责她，让她赶紧把手指拿出来。刚开始，杜晴被爸爸的怒喝吓得不轻，都有点哆嗦了。

后来杜晴还是改不掉这个习惯，爸爸越训斥越责骂，杜晴吃手指就越厉害。有时睡着了手指都放在嘴里不肯拿出来。

爸爸真的没办法了，只好去寻求心理医生的帮助。

心理医生建议爸爸改一改教育方式，不要再凶巴巴地斥责孩子。爸爸意识到错误之后，慢慢改掉了责令杜晴吃手指的习惯。后来杜晴的状况果然有所改善。

父母为了杜晴的健康，试图通过训斥杜晴让她改掉坏习惯，但情况却越来越严重，最后只能去寻找心理医生的帮助。

其实杜晴吃手的习惯日益严重，是父母教育不当的缘故。父母不能通过强硬的责令要求孩子改掉坏习惯。

小小"夜猫子"——教孩子按时作息

教子实例

刘隶有一个特点：每天晚上不愿意睡觉，每天早晨不愿意起床。

这天，时针都已经指向晚上十点了，刘隶还玩兴正浓。妈妈只好连哄带骗地帮他洗漱完毕，把他送上床。刘隶还一个劲儿地嚷着："我不想睡啊。"

妈妈没辙，就拿出一本故事书《红袋鼠历险记》。刘隶便躺着听妈妈念，不时还问一些问题。妈妈念了快二十分钟时，刘隶终于睡着了。

妈妈悄悄起身，感觉很累，心想：孩子什么时候才能养成主动入睡、起床的好习惯啊？

心理分析

孩子具有规律的生活习惯是指：该吃饭时吃饭，该睡觉时睡觉，该玩耍时玩耍。这样孩子才能保证饮食、睡眠、学习、游戏都能兼顾，不影响孩子的有效学习及身心健康发展。

孩子规律的作息习惯要从小培养。父母首先要以身作则，做好家庭监督，保证父母能够规律作息，才能给孩子营造一个规律作息的环境。

父母想顺利执行作息规则，可以同孩子一起制定作息时间，这样孩子会更乐于接受。父母在分配吃饭、睡觉、游戏、学习的时间时，都可以征询孩子的意见。父母这样做，既尊重了孩子的意愿，也能使作息规律的执行更加到位。

充足的睡眠对孩子非常重要，它会影响到孩子第二天的食欲、学习效率和情绪。孩子睡眠不充足会导致心情烦躁、胃口不好、学习效率低。

　　孩子的睡眠习惯，年纪越小越容易培养。孩子早睡早起，才能精神好、学习好、身体好。父母要留心，让孩子每天能够拥有好睡眠。

　　规律的作息能让孩子精力充沛、心情愉悦，有益于孩子的身体健康及智力发展。

给父母的建议

建议一：父母要规律自己的作息时间

　　父母要确保能与孩子作息同步，不影响到孩子的作息。如果父母晨昏颠倒，孩子的作息肯定会受到影响。

　　父母要做遵守作息规则的榜样，督促全家人都能规律作息时间，孩子在这种氛围中，才能够早日养成规律的作息习惯。

建议二：与孩子协商作息时间规定

　　父母在制定作息规定时，要征询孩子的意见。孩子通常不满意父母给的强制规定，但如果孩子自己也参与制定，就会欣然接受作息要求。

　　陈禹每天都腻在电视前看动画片，十点半都上不了床。妈妈很担心他的身体、学习受影响，就与他协商，一起制定一张作息时间表，然后妈妈把它挂在墙上。

　　因为陈禹是主动参与制定的，所以每次妈妈只要一提"时间表"，他马上就按规定来做了。

　　父母制定关于孩子的作息规定，离不开孩子的参与。父母要想孩子自觉遵守，就要主动邀请他参与规则的制定。

建议三：给孩子制作一张作息时间表

　　孩子自制力差，硬性的规定能更好地保证孩子规律作息。孩子的作息时间表可以采用生动、有趣的图画来展现，让孩子也参与制定。

　　陈品的妈妈决定给他制定一张时间表，陈品也很好奇、兴奋。

　　他和妈妈找来一张纸，在早晨六点的格子中画了一个闹钟，表示起床；下午五点的格子画电视；六点画碗，表示吃饭；七点画书，表示学习。

　　这个"作品"是他和妈妈共同完成的，他也很乐意执行。

　　给孩子制定一张活泼、生动的作息时间表，让孩子清楚每天的作息时间。时间表要放在孩子房间的显眼位置，让孩子把规定铭记于心，养成规律的作息。

建议四：给孩子温馨、安静的睡眠环境

充足的睡眠能保证孩子的食欲及学习效率。父母要为孩子营造一个温馨、安静的睡眠环境，让孩子能够安心地入眠。

黄蕊每天要睡觉时，妈妈都会把房间的灯光调暗，然后给她读童话故事。此时，家里客厅的大灯也会调暗，电视机也会关上。

爸爸说话时，都是轻声细语的。每天，妈妈给她读会儿故事，她就沉沉地入睡了。看到她睡着了，妈妈就会轻轻地走出房间，把她的房门关上。

父母给孩子营造一个最佳的睡眠环境，能够让孩子更快地进入梦乡。孩子有了充足的睡眠，第二天也会精力充沛、精神愉悦，更好地投入学习。

我就不穿衣服——孩子总爱光身子

教子实例

李小玉今年6岁了，却还是"疯丫头"一个，她总喜欢在家里光着身子跑来跑去，妈妈在后面追着让她穿衣服，小玉就是不肯。

一天，爸爸公司的同事来家里玩，小玉洗了澡就光着身子在卧室里玩耍。妈妈害怕小玉会忽然去客厅，赶紧去给小玉拿衣服。妈妈拿好衣服，却发现小玉已经不在卧室了。

果然，小玉光着身子跑到了客厅。妈妈拿着衣服让小玉穿上，小玉死活不肯，大声哭了起来。

"你这么大了，还不穿衣服，羞不羞啊？"有个阿姨逗小玉。

妈妈听了感觉很尴尬，走过去把小玉拉回房间穿衣服，小玉就是不合作。妈妈着急了，就动手打了小玉，小玉哭得更凶了。

心理分析

有些孩子，父母一给他穿衣服，就会哭闹不止，说什么也不穿。孩子不喜欢穿衣服的原因有很多，光着身子舒服、喜欢新奇的感觉、穿衣服麻烦、想引起他人的注意等。对孩子来说，这是较为常见的情况。

很多父母认为，孩子不穿衣服非常不雅观，于是总喜欢追在孩子身后，硬要替孩子穿衣服。有时苦口婆心地劝说也不起作用，只能用"武力"解决，最终只会让孩子更不喜欢穿衣服。

孩子喜欢光着身子，父母不要强迫孩子就范，更不要用一些威逼利诱的方式来劝说孩子，一旦形成习惯，孩子就会用不穿衣服来控制父母，慢慢会变成一种拉锯战。

孩子感到父母对自己光着身子反应很大，有时会觉得很有意思，就跟玩游戏一样，因此对穿衣服会更抗拒。因此，面对喜欢光着身子的孩子，父母不要在其跟前反应过大。

孩子需要哄，父母哄得好，孩子自然会按照父母的意愿行事。父母可以告诉孩子为什么要穿衣服，穿衣服有什么好处，同时，可以想办法让孩子喜欢上衣服，就跟喜欢玩具一样。如此，孩子就能学会自己主动要求穿衣服。

总而言之，孩子不喜欢穿衣服是种正常现象，父母不要太过在乎。按照孩子的喜好和性格特征，来引导孩子喜欢上穿衣服，千万不可强势压迫或威逼利诱。

给父母的建议

"你又不穿衣服了"、"不要光着身子出门跑"这些问题经常见到，喜欢光着身子的孩子，让父母很头疼，父母要明白孩子不喜欢穿衣服的原因，然后再想办法解决问题。

建议一：父母不要经常在孩子面前光着身子

孩子的效仿能力非常强大，父母在责怪孩子喜欢光着身子的同时，要反省一下自己，是否经常在孩子面前不穿衣服。有些父母，一回家会习惯性地脱衣服，换衣服，孩子无意识中就学会了。

这两个月以来，3岁的郝贝贝喜欢光着身子在屋里玩，起初妈妈并没有在意，反正是夏天，在屋里不穿衣服也没关系。

慢慢地，妈妈发现，贝贝越来越不喜欢穿衣服，一有机会，自己就把衣服扯掉，一丝不挂。妈妈担心贝贝这么下去会着凉，就让贝贝穿上衣服。

贝贝用稚嫩的声音跟妈妈说："我才不穿衣服呢，爸爸每次回家也都光着身子，我也要光着身子。"

贝贝的爸爸一下班就脱掉衣服，在家里光着膀子，原来贝贝是学爸爸啊。

"可你这样会感冒的，爸爸是大人身体好，你是孩子，一定要穿衣服。"贝贝躲着妈妈，不让妈妈靠近自己。

"我就不，我就不。"

爸爸回来后，妈妈跟爸爸沟通了一下，说以后不要在家光着膀子了，孩子会学。没办法，爸爸当着贝贝的面把衣服穿了起来。慢慢地，贝贝受到爸爸的影响，不再随便脱衣服光着身子乱跑了。

"妈妈都是这么做的"、"爸爸都是这样的"，孩子嘴里经常吐出这样的字眼。在孩子眼中，父母是可以效仿的对象，具有高大的形象，因此，父母要起好榜样作用。

建议二：按照孩子的喜好选择衣服

孩子玩心比较重，父母可以按照孩子的喜好来选择衣服，比如购买带有卡通图案的衣服、购买带有好看图案的衣服、选择孩子喜欢的颜色。

总之，选择的衣服要让孩子中意。孩子对自己喜欢的东西都有强烈的占有欲，不会轻易不要。

蓝璐虽然只有4岁，但是她非常喜欢看《海贼王》，她特别钟爱淘气又机智的路飞。璐璐的小书包、小衣服、小文具盒上，都有路飞的图案。对这些璐璐非常珍惜，从不舍得弄丢了。

"妈妈，今天我要穿路飞的衣服，你赶紧给我拿来啊。"

妈妈高兴地帮璐璐穿好衣服，璐璐捏着小裙子，开心极了。

璐璐在家很少有不穿衣服的时候，有时还会主动要求穿衣服。妈妈根本不用担心璐璐光着身子乱跑。

孩子穿不穿衣服，跟衣服好不好看、孩子喜不喜欢有很大关系，父母要学会满足孩子的喜好，孩子就会乐意穿衣服。

建议三：让孩子明白光着身子乱跑是不文明的习惯

父母从小要教孩子做文明有礼的好孩子，要让孩子明白，光着身子乱跑是不文明的行为，别人会不喜欢自己。孩子从小有这种意识，就会习惯穿衣服。

很多孩子不知道为什么非要穿衣服，他们非常天真，父母要及时与孩子沟通，让孩子明白穿衣服的重要性。

建议四：给孩子穿质地柔和的衣服

孩子喜欢动、喜欢玩，穿着不舒服的衣服孩子会感觉束缚，孩子不会跟父母提意见。最直接的方式，就是拒绝穿衣服。

父母在挑衣服时要多买一些质地柔和的，尽量宽松一些，不要让孩子感觉束手束脚，行动不便。同时，质地柔和的衣服对孩子的皮肤也有好处，不会摩擦伤害孩子的皮肤。

我不想吃这个——孩子挑食怎么办

教子实例

杜丽的家里比较富裕，父母对她特别溺爱，几乎要吃什么父母就会给她买什么。这样，杜丽吃的是好食品、喝的是高级饮料，但是杜丽的身体状况却不佳，杜丽成天给父母说自己头晕眼花，浑身都不舒服。

杜丽的父母就带着她到医院去检查，医生说杜丽患上了营养不良症。这令杜丽的父母很纳闷，认为自己孩子天天吃的都是好东西，有些食物一般小朋友都没有品尝过，为什么自己的孩子却营养不良，别的孩子却十分健康呢？

原来，杜丽虽然吃了不少山珍海味，但是她与妈妈一样都十分挑食，不合自己的胃口的饭菜从来不动，很多蔬菜都不爱吃，粗粮更是一点不沾。这样时间一长，杜丽因为偏食就造成了营养不良。

心理分析

社会经济飞速发展，人们的收入普遍有了大幅提高，于是在饮食方面也学会了挑剔。如上例中杜丽和她的妈妈一样，很多人都喜欢挑食，出现了偏食。大人挑食对身体影响不明显，而正处于身体发育黄金期的孩子，挑食受到的危害却很大。

因为孩子成长需要各方面的营养均衡，这样才能身体健壮，发育得良好，但若是偏食，不合自己胃口的饭菜一口不尝，时间一长就会导致营养不良，出现杜丽那样的状况。

孩子最初挑食，与父母的行为方式有很大的关系，如果父母一方在吃饭时挑挑拣拣，说这个不好吃那个不愿吃，这样孩子心理上就会受到了父母的影响。

孩子在不知觉中接受了父母无心的暗示，对于那些没有尝过的东西只要父母说不好吃自己就不动筷子，这样时间长了孩子就容易养成偏食的毛病。

还有的孩子因为父母强迫自己去吃不喜欢的饭菜，因此出现反感，与父母对着干，久而久之也就养成了偏食的习惯；还有的孩子因家里的经济条件好，像案例中的杜丽那样，想吃什么都能得逞，于是光挑自己喜欢的东西吃，这也是形成孩子偏食的一个原因……

不管孩子挑食出于哪方面的原因，同样的结果都会危及孩子的身体健康，因此父母要尽快想办法改掉孩子偏食的毛病。

父母要确保孩子各种营养吸收均衡，让各种有机物、维生素等全面得到吸收，这样才会促进孩子的身体健康。

给父母的建议

父母要想使孩子改掉挑食偏食的习惯，就需要从方方面面着手，这样多管齐下，才会收到比较好的效果。

建议一：父母首先要做到不挑食、偏食

父母如果有吃饭时挑三拣四的毛病，或者说这个不合胃口，那个做得不好吃等等，自己首先要戒除这些挑食、偏食的不良习惯。

父母要做到各种主食都吃，各样蔬菜都尝，就是自己实在不喜欢吃的东西，在饭桌上孩子的面前也要表现出爱吃、喜欢吃，并引导着孩子使其各种饭菜都品尝一下，而孩子就会学着父母的样子进食。

如果孩子实在不喜欢吃，父母切忌不能进行强迫与威吓，这样做的结果只能适得其反。

建议二：让孩子知道营养缺乏的危害

很多孩子挑食，不知道营养缺乏的危害。父母可以把挑食的危害告诉孩子，如果口头教育没有用，就利用图片、视频等教育孩子。

陈强喜欢挑食，天天这不吃那不喝，因此营养缺乏，身体日渐瘦弱。陈强的父母看着孩子越来越差的身体，既心疼又难受。

父母买回了很多关于营养的书籍，不仅自己看，也引导着陈强去读，甚至在吃饭的时候什么菜有什么营养，如果不吃身体就会出现哪些不良症状等都能张口而出，俨然成了一个膳食营养专家。

陈强了解了营养均衡的重要性，开始试着品尝各种饭菜，一段时间后，陈强挑食的毛病改掉了很多，身体也随之强壮了起来。

父母要主动去了解挑食、偏食的不良后果，还要让孩子知道只有全面摄入各种食物，才会营养均衡，这样身体发育才能良好，这样有利于孩子戒除挑食的恶习。

建议三：让孩子当自己做饭的助手

调查发现，不管是大人还是孩子，只要自己亲自动手做出来的东西，都会在内心上对它有一种认可。根据这个心理特点，父母在做饭的时候，如果孩子有空闲，就让其给自己择菜、洗菜，炒菜时让孩子帮着拿作料等。

这样饭菜做好后，孩子虽然有些菜不喜欢吃，但因为有自己的劳动在其中，有一种成就感，因此也会主动去进行品尝，这样有助于减少孩子的挑食。

建议四：尽量把饭菜做得色、香、味俱佳

孩子有时候不想吃饭而挑食，有些是因为父母做的饭菜千篇一律，或者中看不中吃，或者看着都没有胃口等等长时期导致。

因此，父母应该进修自己的厨艺，还要经常变换着不同的饭菜，并且尽量把饭菜做得色、香、味俱佳，这样孩子无论是看着还是闻到，都想动筷，而吃起来又香甜可口，如此孩子挑食、偏食的习惯自然而然就会去除。

建议五：为孩子营造良好的就餐氛围

良好的就餐氛围能够促进全家人的食欲，可以避免孩子形成厌食、挑食的习惯。

李冰的父母平常里很忙，只有在吃饭的时候一家人才能聚在一起。李冰成绩不好，父母经常在饭桌上问李冰的学习情况，然后就是一顿数落。这导致李冰在吃饭时总是提心吊胆，越来越没有食欲。

妈妈发现这点后，主动改变了饭桌上数落李冰的习惯，而是试着讲一些轻松的话题，李冰也变得很有食欲了。

父母一定不要在吃饭的时候对孩子进行批评、指责，既影响大人的心情，同时也抑制了孩子的食欲，容易使孩子养成挑食的毛病。

建议六：及时表扬孩子的进步行为

除此之外，父母还要学会对孩子的正面行为进行强化。

比如，孩子在父母的教育下能够品尝以前从不沾的饭菜，不管吃多少，父母都要看到孩子的进步，并且做到及时表扬，这样能够使孩子感觉到自己的行为受到了关注，可以增加孩子继续进步的积极性。

孩子一洗脸就哭——培养卫生习惯

教子实例

维杰的妈妈工作忙，几乎没有整理家务的时间。最近妈妈单位要组织检查，妈妈更忙了，回家一般都是深夜，更没时间打扫家里的卫生了。

在妈妈的影响下，维杰变得脏兮兮的，甚至连脸都懒得洗了。维杰在外面玩耍时，总是被其他小朋友戏称为"泥人"。

邻居很好心地提醒妈妈："维杰这么不讲卫生，很容易生病的，你应该好好培养孩子的卫生习惯才行。"

妈妈为难地说："我已经告诉过他了，可是他一洗脸就哭，而且哭得特别凄惨，我也不知道该怎么办才好。"

心理分析

良好的卫生习惯是保证孩子身体健康的必要条件，而健康的身体则是孩子正常生活和学习的基础和保证。

讲卫生的习惯包括孩子的饮食、穿衣、睡眠、生活自理等，它是培养孩子良好行为、独立生活能力的有效措施，也是培养孩子具备热爱劳动、团结友爱等良好品德的需要。

孩子讲卫生的习惯，不是一时半会就可以养成的，父母要耐心地引导。其实很多时候，孩子也是知道要讲卫生的，只是孩子贪玩，常常忘了讲卫生。因此，父母要经常提醒孩子注意，帮助孩子养成良好的卫生习惯。

从孩子 8 个月左右开始，父母就应该锻炼孩子伸手、伸腿、洗头洗耳颈等配合盥洗的动作；1 岁以后，鼓励孩子主动参与洗前卷袖口，洗后擦手；2 岁左右，教孩子自己洗手，并培养孩子饭后漱口的好习惯。2 岁半以后，让孩子自己洗手脸，使用牙刷。

同时，父母要教育孩子掌握与盥洗有关的用语，如"洗手、洗脸、刷牙"等，父母教育孩子的时候要有耐心，最好讲解的时候给予示范，给孩子必要的帮助。

习惯的养成很重要，它的培养应该循序渐进。父母不要因为某些特殊情况破坏孩子已经养成的卫生习惯；并且父母要持之以恒地给孩子充分的监督，以强化孩子良好的卫生习惯。

孩子的年龄小，接受能力有限，父母教给孩子讲究卫生的方法时，要做到形象具体、反复训练，使其形成条件反射来达到教育孩子的目的。

此外，父母要重视自身对孩子的影响，讲究个人卫生，注意家庭环境的整洁。通过父母的言传身教，孩子会自觉地养成讲究卫生的好习惯。

给父母的建议

每个父母都希望孩子有良好的卫生习惯，所以，父母要从孩子小时候起，就重视对孩子的培养和教育，帮助孩子养成受益一生的好习惯。

建议一：告诉孩子讲究卫生的重要性

孩子保持卫生，既可以预防皮肤病、寄生虫病、胃肠道疾病、传染病等疾病的产生，又可以给别人留下好印象，赢得他人的欢迎。

孩子只有认识到了讲究卫生的重要性，才会养成讲究卫生的好习惯，为自己的形象加分。因此，父母要从小告诉孩子讲卫生的重要性。

崔强一直接受着良好的家教。每次出去玩，他都会带上一块手帕，别的孩子都是用手或是袖子擦汗，但是唯独崔强拿手帕擦汗。

这一切都是源于妈妈的教育，妈妈是个医生，平时就告诉崔强讲究卫生的必要性，养成了他讲究卫生的习惯。

为了让孩子保持整洁卫生，父母不仅要让孩子学会用手帕，还要让孩子养成饭前洗手、饭后漱口等好习惯。

父母要为孩子讲道理，孩子真正意识到讲究卫生的重要性，就会自觉地养成讲究卫生的良好生活习惯，并且这个好习惯还会促进孩子的学习。

建议二：为孩子做出讲卫生的好榜样

孩子喜欢模仿，而且模仿性很强，父母的好习惯和坏习惯，都会成为孩子模仿的对象。父母讲卫生的好习惯，是孩子良好卫生习惯的直接示范，是具体形象的示范，因此，父母应该成为培养孩子卫生习惯的榜样。

父母要做到保持家里的清洁，还要注意个人卫生，从一言一行中为孩子传达讲究卫生的理念，让孩子将讲究卫生的观念，内化为自己的感知，转化为实际行动。

比如，父母饭前洗手时，可以引导孩子学会洗手，周日和孩子一起打扫卫生等。

建议三：给孩子保持清洁的机会

很多父母选择为孩子包办生活中所有的事情，为的是让孩子有更多的时间学习，其实这是得不偿失的教育方式。

孩子养成的好习惯会伴随孩子一生，并且会对孩子起到延迟教育的效果，而孩子的学习，只是他们全面发展的一个方面。

张涵今年4岁了，他很调皮，经常弄得浑身脏兮兮的。妈妈一直对他娇生惯养，也从没让他帮忙打扫过卫生，甚至连他洗脸都是妈妈帮忙，可是最近他就要上幼儿园了，妈妈觉得该让他注意一下个人卫生了。

妈妈让他从自己洗脸开始，教给他正确的方式，还让他自己整理书包，告诉他玩耍的时候如何注意不弄脏衣服。在妈妈的教育下，张涵变得干净多了。

父母要尝试给孩子适度的时间和空间，让孩子可以动手做力所能及的事情，比如洗衣服、扫地、拖地等。孩子在劳动的过程中，会养成勤劳、讲卫生的习惯。

父母还要鼓励孩子多参加学校组织的大扫除活动，教育孩子做好每次值日，在不断的实践中，养成讲卫生的习惯，让孩子终生受益。

建议四：对孩子的卫生习惯"赏罚分明"

孩子好习惯的养成，需要来自父母的积极引导，孩子自我意识差，缺乏是非辨别能力，更需要父母做到对孩子的行为习惯"赏罚分明"。

父母要观察孩子的表现，对于孩子讲卫生的好习惯，不论大小，都要给予表扬和鼓励，使孩子享受到愉悦感，孩子为了赢得父母的表扬，会不断地讲卫生，直至成为自己的习惯。

对于孩子不讲卫生的行为，父母要适当地批评孩子，使孩子明白什么是应该做的，什么是别人不接受的，这样，孩子会反省自己的错误，纠正自己的行为。

建议五：制定家庭成员共同遵守的原则

父母可以制定成人和孩子一起遵守的规则，还要根据孩子的年龄特点有所区别，以促进孩子的成长为目的。

可以要求每个人讲究个人卫生，同时自己的常用物品、孩子的玩具等，都要摆放在规定的地方，使孩子对常用物品的位置形成固定的印象，同时，要及时纠正孩子的错误行为，监督孩子严格遵守规定，不让孩子半途而废。

把兔子弄丢了——让孩子细心点

教子实例

张洁刚上幼儿园，非常粗心大意。妈妈认为，张洁忘性大、粗心都是正常的，也就没有在意。

这天，妈妈给张洁买了一只兔子当宠物，张洁非常高兴，对着小兔子又亲又抱，还承诺会好好照顾它。

可到了晚上，妈妈却发现兔子不见了。妈妈在屋里找了一圈，还是没有找到。问张洁，她也不知道。

后来，妈妈在走廊看见了蜷缩成一团的兔子。原来，张洁带着兔子出去玩，结果进屋时把兔子关在门外了。

妈妈这才发现，张洁粗心的问题这么严重。

心理分析

粗心不只是张洁的缺点，它是孩子身上常见的一种毛病。它会给孩子的生活和学习带来很大困扰，很多孩子事后会因粗心犯下的错误而垂首顿足，但是已经于事无补。

粗心的孩子往往缺乏很好的生活习惯，在生活中总是遇到各种麻烦，走上社会后，还会遭致更大的挫折和失败。因此，父母要尽力对症下药，帮助孩子改掉粗心大意的坏习惯。

仔细观察学龄前孩子的表现，就会发现粗心的表现到处都是：水洒得到处都是、玩具忘记丢在什么地方、学习写数字也总是写错等等。

尽管做父母的大发雷霆或苦口婆心，而孩子却是我行我素，屡教不改。这令父母很无奈。其实孩子粗心大意的毛病，如果已经形成了习惯，纠正起来就会有困难。

孩子粗心大意并不是偶然发生的，父母要认真剖析孩子粗心大意的原因。一般来说，孩子粗心大意的原因有多个。

比如，父母本身就是粗心大意的人；父母不当的教育方式，对孩子溺爱，没有规矩；孩子学习态度不严谨；孩子学业负担太重，作业多，忙中出错；孩子的视觉记忆和辨识能力较弱；父母发现孩子的马虎后没有及时给予纠正；孩子缺乏责任心等。

孩子年幼，对于感知性的注意力集中还不稳定。不能长时间把精力放在一件事上，所以经常表现得粗心大意。

父母遇到这样的情况，不能简单地批评孩子，要做适当的引导和纠正。习惯的改变需要一个过程，父母要慢慢帮助孩子，摆脱粗心大意的坏习惯。

给父母的建议

粗心大意对孩子的生活和学习带来如此大的不良影响，父母怎样才能纠正孩子的这个坏习惯呢？

建议一：父母不要干扰孩子的注意力

孩子的注意力很容易受到外界的影响。注意力受到影响，就不能集中精力，自然会变得更粗心。孩子如果有粗心的坏习惯，那么父母要尽量避免干扰孩子的注意力。

父母要为孩子创造安静的环境，不在孩子玩的时候开电视机，也不要打牌或打麻将，也不要在孩子做事时和孩子聊天，这都会让孩子分散精力。

同时，也要教育孩子在同一时间内只做一件事。注意力集中，孩子粗心的坏毛病也就会得到很好的改善了。

建议二：培养孩子的责任心

责任心是做好一件事情的前提，孩子如果缺乏责任心，对任何事情都敷衍了事，肯定会导致粗心大意的坏毛病。一个有责任心的孩子，肯定是个做事仔细，克服了粗心大意毛病的人。

叶会是个很粗心的孩子，常常丢三落四。这天上学时，又把作业本忘在家里了。亏了她自己带着钥匙，回家拿了作业本着急地赶回学校。但又竟然忘了把钥匙拔下来，幸亏家里没有小偷"光顾"。

回到家，妈妈严肃地批评了叶会。让她意识到自己对家的责任和义务，叶会知道了自己的粗心给家里带来的风险，向妈妈保证不会再犯同样的错误，要做细心的孩子。

父母要在日常生活中，有计划地培养孩子的责任心。可以让孩子做力所能及的家务，如洗碗，洗自己的衣服，扫地等。如果孩子做得很认真，可以给予孩子一定的鼓励。如果孩子粗心大意做得不好，父母可以对孩子提出批评。

用这样的方式，来帮助孩子树立自己的责任感。逐步让孩子形成对任何事情都要认真、不能马虎的态度。

建议三：培养有序的学习、生活习惯

良好的生活、学习习惯属于孩子的非智力因素。非智力因素会对孩子的认知活动产生广泛的影响，使孩子的认知活动带上个人的特点和风格，粗心也是如此。

一个孩子的房里一团糟，鞋子乱放，作业本往往字迹潦草，页面不规整，并且常常丢三落四，做事只会凭着自己的兴致，往往观察没有顺序，思考缺乏条理。无序的生活，很难让孩子有序地学习，粗心的毛病也就出现了。

父母要从生活中培养孩子良好的习惯和个性，来减少孩子学习中出现的粗心现象。父母可以让孩子整理自己的房间，这能让孩子变得仔细有条理。让孩子自己安排自己的课余时间和复习进度表，这能让孩子变得有计划，有顺序。通过这样改变孩子的行为，就可以改变孩子的习惯，以至于最后改变孩子的个性。

想要什么我就抢——孩子太霸道

教子实例

米希是家里的独生子女，所有家人都对她百依百顺。不管她有什么要求大家几乎都会满足她。渐渐地，小希变得非常霸道，看见喜欢的东西就要抢过来，如果对方不给，她会又哭又闹，坐在地上不肯起来。

一天，小姨带着小表妹来家里做客，小表妹拿着自己的小玩具玩得很快乐。起初，小希还知道自己是姐姐，要让着妹妹。可惜，没过一会儿，小希的毛病又犯了。她非常喜欢小表妹的小鸭子，于是二话不说就把小表妹推倒将玩具抢了过来自己玩。

小表妹坐在地上，蹬着双腿使劲哭。妈妈走过来批评小希，让她把小鸭子还给表妹，小希说什么也不干。她嘴里还振振有词："我不干，我喜欢的东西我就要抢过来，它就是我的。"

妈妈在一边尴尬地看着小姨，都不知道说什么好。

心理分析

孩子3岁以后，尤其是上了幼儿园，自我意识就变得很强烈，看见喜欢的东西就会想方设法地占为己有。于是就出现了抢东西的现象。

孩子抢东西的行为并没有恶意，只是想满足自己的好奇心，他认为所有的东西都可以抢过来自己玩，丝毫意识不到抢东西的行为是非常不可取的。

在孩子眼里，所有人都跟自己的想法一样，他认为其他小朋友也有抢东西的想法，自己的反应很正常，并不觉得有任何不妥。他们还不懂站在别人的位置上思考问题。

父母遇到这种情况，不要着急下结论批评孩子，而应该多方面地考虑一下孩子会这么做的原因，然后再帮助孩子改正这种行为，千万不要随意责骂孩子。

有时孩子抢夺别人的玩具只是为了引起父母的注意，好让父母给自己买好玩具。此时，父母不要立即去给孩子买新玩具。因为在这种教育方式之下，孩子会抓住父母的心理，不会珍惜新买的玩具。而且还会通过不断抢夺别人的玩具而逼迫父母就范，不断给自己买新玩具。

父母及时纠正孩子的霸道行为，方式有很多，可以根据孩子的禀性来选择合适的方法。要随时关注孩子抢夺东西的行为，不要因为爱孩子而轻易原谅孩子，纵容孩子，要让孩子学会礼貌共享，不做令人讨厌的"小霸王"。

给父母的建议

当孩子出现了喜欢抢别人东西的行为时，父母要善于引导，只要方式正确，孩子就会远离霸道行为。

建议一：教孩子学会分享，不做"小霸王"

如果孩子学会了分享，就不会再和别人抢玩具，可以友好地玩耍。平时父母要经常教育孩子，有与他们分享的意识。可以通过玩游戏、讲故事等方式让孩子理解，从而规范到行为上来。

4岁的李鹏和3岁的弟弟李洋在一起玩皮球，妈妈在厨房做饭。刚开始两个人不吵不闹在客厅玩得好好的，谁知，没过一会儿，鹏鹏就哭着跑过来，脸上还带着抓痕。

"鹏鹏，你这是怎么了？"妈妈蹲下来心疼地问。

"洋洋抢我的皮球，他已经玩了一会儿了，轮到我玩了，他却把球抢了过去，不准我碰，还说皮球只能他一个人玩。"

妈妈拉着鹏鹏走到客厅，洋洋看妈妈过来了，就下意识把球抱在怀里，害怕被抢走。

"洋洋，你为什么抢你哥哥的球啊？你已经玩了一会儿了，现在球是属于你哥哥的，你不能抢。"

　　"不嘛，我不要哥哥抢我的球。"洋洋以为鹏鹏要抢球，抱得死死的。

　　"洋洋，妈妈之前给你们讲过孔融让梨的故事，你忘记了吗？你要学会跟哥哥分享，不要只想着自己，这样才是好孩子。"

　　"那抢东西就是坏孩子吗？"洋洋天真地问妈妈。

　　"嗯，是的，喜欢抢东西的孩子是坏孩子，大家都不喜欢他。"

　　"那我不抢哥哥的球了，要哥哥玩会儿，我要做好孩子。"洋洋把球递给了鹏鹏，再也不抢哥哥的球了。

　　妈妈表扬了懂事的洋洋。

　　教会孩子分享，不要做只容得下自己的小霸王。每个孩子都有可塑性，父母要学会正确引导孩子，让孩子改掉抢东西的坏习惯。

　　建议二：不要让别人抢自己孩子的东西

　　有时候孩子喜欢抢东西，是受到了被抢的影响，所以才变得比较霸道。有的父母很大方，如果其他小孩看重了自家孩子的玩具，为了面子，父母会毫不犹豫地把玩具借给别人玩，这样做，孩子就会产生"被抢"的感觉，以后自然而然地就学会了抢别人的东西。

　　4岁的姚橙站在厨房门口，扯着嗓子跟妈妈吵架，那气势像受了天大的委屈一样。

　　橙橙抢了邻居家的孩子旺旺的冲锋枪，结果被妈妈大声训斥了。但他心里却很委屈，他说："凭什么他抢我的东西就可以，我抢他的东西妈妈就训我，这不公平。"

　　橙橙像个小大人一样跟妈妈据理力争。

　　"他什么时候抢你东西了？"妈妈很好奇，不知道什么时候儿子"被抢"了。

　　"上次我刚买了一个喜羊羊气球，结果碰到了旺旺和他妈妈。旺旺说想要玩我的气球，你马上就从手里拿过气球给了他。他这不是抢我的东西是什么？"

　　妈妈听了哭笑不得，想不到儿子还记着这件事。

　　"儿子，是妈妈做错了，妈妈不该没经过你同意就把气球给了别人。但是，你也要答应妈妈，不要随便抢别人的东西了，知道了吗？"

　　橙橙虽然不服气，妈妈又解释了一会儿，最后橙橙终于保证以后再也不随便抢东西了。

如果孩子经常"被抢"，那么他很容易会形成喜欢抢东西的行为，父母要保护孩子，不要经常当"被抢者"，让孩子感受到尊重和公平。

建议三：孩子改掉抢东西的习惯要得到表扬

对孩子来说，得到表扬他们会做得更好。生活中有很多孩子，大人越是表扬他们，他们就会变得更自觉，更优秀。表扬就跟蜜糖一样，对孩子充满诱惑。

所以，父母不要吝啬自己对孩子的赞美，尤其是孩子改掉坏习惯之后，要及时给予肯定，这样孩子就会越做越好，自然会改掉坏习惯。

第06章

关注孩子的怪行为——
给孩子最好的行为指导

我只是拿来玩一会儿——孩子成了"小偷"

教子实例

潘蜜要上幼儿园了，妈妈非常高兴，想要带蜜蜜到超市去买一些好吃的。回到家中，妈妈从蜜蜜的书包里拿出零食时，从里面发现了一个崭新的芭比娃娃，妈妈顿时感觉头都大了。

"蜜蜜，这个玩具是哪儿来的？"妈妈拿着芭比娃娃质问蜜蜜。

"别人给我的。"蜜蜜不肯承认她从超市拿了东西。

"谁给你的？你居然还想骗妈妈。我不是告诉你很多次了吗？不可以从商店、超市随便拿东西，这是一种偷窃行为。"妈妈越说越生气。

"我没有想偷东西啊，我就是想拿来玩玩。"蜜蜜还觉得挺委屈。

"你想玩玩？你给人家钱了吗？你就不怕警察叔叔来抓你吗？"

妈妈还没说完，蜜蜜就吓得坐在地上哇哇大哭。之后蜜蜜再也不肯去超市了，妈妈的粗暴举动给蜜蜜留下了阴影。

心理分析

通常情况下，年幼的孩子没有偷东西的概念，他们根本分不清"拿"和"偷"的区别。孩子的占有欲很强，看到好玩好奇的东西就想拿来看看，或者占为己有，他们意识不到这是一种不道德的行为。

有关研究证明，6岁之前的孩子，常常认为自己跟世界是一体的，他们分不清什么是自己，什么是别人的东西。只要自己想要的，就情不自禁地想拿过来。通常孩子年龄越小，这种行为就越明显。

孩子喜欢拿别人的东西，与父母广泛意义上理解的"偷盗"是完全不同的，甚至有着本质性的区别。他们没有犯罪心理，没有想给别人带来不便或危害，只是单纯地想要、想玩。

当孩子发生"偷拿"行为时，父母不要大惊小怪、惊慌失措，强化孩子的偷窃行为，吓到孩子会给孩子造成难以抹去的阴影，父母要悉心教育孩子，告诉孩子物品归属的观念，让孩子意识到自己的行为是不妥当的。

有时，孩子的无心之举，被父母放大，偷盗的概念便深深嵌入了孩子心理，这时，孩子反而更容易走上偷盗之路。

父母一味强调孩子是"小偷"，也容易造成孩子的心理扭曲，心理不健全的孩子同样喜欢通过偷拿来发泄心中的不满。

父母要充分理解孩子的"偷拿"行为，不要急于给孩子贴上"偷盗"的标签，通过暴力震慑孩子的行为，或者强硬地搜查孩子，这么做容易伤害孩子的自尊。

给父母的建议

孩子出现拿别人东西的行为时，父母千万不要给孩子沉重的心理压力，多关心孩子，多与孩子沟通交流，孩子会慢慢改掉不良习惯。

建议一：帮助孩子培养物权所有的观念

父母要教会孩子分清什么东西是自己的，什么是别人的，在拿别人东西之前，要经过对方的同意才可以玩。如果对方不同意，孩子就不可以拿。而且，玩完之后，要及时将东西归还，并谢谢对方的热情。

培养孩子物权所有的观念越早越好，有利于孩子良好习惯的养成。

建议二：及时了解孩子拿东西的原因

孩子没有明确的"偷东西"的概念，有时拿东西只是纯粹的喜欢，想要借来玩一玩；还有些孩子喜欢拿别人的东西只是为了发泄心中的不满，表达自我的情绪；有的孩子还会为了引起父母的关注，而故意拿东西。

孩子拿东西之后，父母要及时了解原因，然后再对症下药，解决孩子的问题。

建议三：教会孩子"偷"与"借"的区别

在大人眼里孩子做出了偷盗行为，但孩子根本不知道这是不道德的恶劣行为。父母要给孩子解释"偷"与"借"的区别，让孩子当个"明白人"，如此之后，孩子就会少犯拿别人东西的错误了。

2岁半的尤妮妮跟妈妈从超市出来后，手里多了一包口香糖，妈妈一想刚刚根本没有付口香糖的钱，就抓着妮妮的胳膊问："你是不是从超市偷拿东西了？不是告诉过你偷东西是犯法的吗？"

妈妈非常生气，还狠狠打了一下妮妮的胳膊，妮妮哭了起来。呜咽着问妈妈："妈妈，什么是'偷东西'啊，为什么偷东西要挨打？我没有'偷东西'啊。"

妮妮这么一说，妈妈愣住了，她忽然意识到是自己教育不到位，不应该怪妮妮。

"妮妮，偷东西就是没有付给别人钱就随便拿别人的东西，刚才在超市你拿了口香糖，却没有给阿姨钱，所以是偷了人家的东西。"

妈妈这么一说，妮妮有些懂了。

"以后在超市、商店，你要想买东西就告诉妈妈，等妈妈付了钱你才可以拿，否则就是偷窃行为，会被警察叔叔抓起来的。"

妮妮明白了，点了点头。

"来，我们演习一遍，我当售货员阿姨，你是买东西的人。"

就这样妈妈经常跟妮妮做这种日常练习，慢慢地，妮妮自制力越来越强，不再随意乱拿别人的东西。

建议四:孩子拿东西之后要对自己的行为负责

孩子出现了偷拿东西的行为，父母不能过于严厉地指责，给孩子造成心理负担，但也不能不闻不问，置之不理，要让孩子为自己的行为负责任，争取下次不再犯错误。

云峰从幼儿园拿了小朋友的转笔刀，他说自己想玩一下，然后再还给小朋友。妈妈告诉云峰这种做法是不对的，然后带着云峰去向小朋友道了歉。

回来后，妈妈告诉云峰："儿子，你今天犯错了你知道吗？"

云峰真诚地回答说："妈妈，我知道了，我不该没经过别人同意就拿了他的东西。"

"嗯，那么妈妈要没收你的玩具一星期当做惩罚，你要记住教训啊。"

云峰答应了妈妈的要求，以后他再也没随意拿过别人的东西。一星期之后，妈妈也按照承诺把玩具还给了云峰。

负责任的孩子在行动之前总会进行自我反省，并对自己的行为负责。父母要教会孩子负责任，以后，孩子才能适时约束自己的行为，少犯错误。

我在和小民说话——孩子的虚构朋友

教子实例

张然然最近非常奇怪,他有一个大家都不知道的又形影不离的好朋友。他们一起睡觉、一起吃饭、一起洗澡、一起玩游戏,一刻也不分开。

有时,然然会突然对妈妈说:"妈妈,你不要坐那个位置,那个位置是我给小民留的。"妈妈一头雾水,从来不知道然然还有一个叫小民的朋友。

"妈妈,你赶紧站起来,你坐在小民身上了。"妈妈"腾"地从沙发上站起来,四下张望,并没有别人啊。

有时,妈妈看见然然对着空气说话,会责怪他。然然就不高兴了,说他正在和小民说话,妈妈怎么能打断呢?

妈妈说现实生活中根本就没有小民那个人。然然一听就急了,非常生气地打开门回到自己房间去,任凭妈妈怎么敲门他都不开。

心理分析

在孩子心中,有时他容易把自己的感觉和想象当做真实的事情,如此,就出现了"虚拟朋友"。这种朋友的出现,往往是弥补孩子的性格缺陷,或被孩子当做自己最要好的玩伴。这个玩伴时刻陪伴孩子,跟孩子形影不离,让孩子感觉不再孤单。

一般3~5岁的孩子,最需要这种虚拟朋友,需要这个心灵之友的存在,这是孩子成长的必经之路。

有些父母认为,孩子跟虚拟人物交朋友会不会是精神有问题?其实完全没有这么严重。幻想中的朋友可以倾听孩子的心事,是孩子的良伴,可以让孩子学会关心他人。

儿童心理学家研究证明，孩子交虚拟朋友是一种健康的适应行为，是适应周围环境很正常的举动。

拥有虚拟朋友的孩子，其实内心并不孤僻，反而很活泼开朗，他们一时找不到合适的玩伴，所以才虚构出一个朋友玩耍。

父母看到孩子有了虚拟朋友后，不要试图立即戳破孩子的谎言，告诉他不应该和看不见的孩子交朋友。这个时候，孩子会感觉很沮丧，就好比父母亲手扼杀了孩子的好朋友一样。

如果孩子与虚拟朋友交往过密或有不好的问题存在，父母也要及时纠正，让孩子尽快适应现实生活，快速成长。

如果孩子的举止过于怪异，父母要及时带着孩子去看心理医生。

给父母的建议

生活中3~5岁的孩子，很容易给自己塑造一个看不见的朋友，这使父母感到非常担忧。

建议一：父母要理解孩子交虚拟朋友的行为

父母首先要肯定孩子交虚拟朋友是一种正常行为，不要大惊小怪，认为孩子不正常，对孩子大加斥责。或者明确告诉孩子，虚拟的朋友根本不存在，是一种很傻的行为。孩子一时接受不了，难免会伤心难过。

父母要正视、理解孩子交虚拟朋友的行为，一般的，随着年龄的增长，孩子慢慢会分清现实和虚幻，自己回到现实生活中来。

建议二：鼓励孩子多交自己的好朋友

现在的孩子大多数都是独生子女，父母工作又忙，所以特别容易忽略孩子的感受。孩子的心情无法表达，倍感孤独，就会幻想有新朋友可以分担自己的心情，陪伴自己。父母要多花时间来陪伴孩子，鼓励孩子出去多交真正的同龄小朋友。

只要孩子内心需求得到满足，"看不见的朋友"自然会消失。

林喵喵是个非常活泼可爱的孩子，之前跟小区的小朋友都玩得很好。后来喵喵一家搬家了。来到新家，喵喵谁也不认识，陌生的小朋友都不愿意跟她玩。每天，她只能跟着沉默寡言的奶奶生活。

喵喵越来越孤独，后来一天，奶奶发现，喵喵一个人也玩得很开心。她抱着布娃娃，一个人玩捉迷藏，一边跑，还一边说："莉莉，你肯定找不到我，你肯定找不到我。"

奶奶被喵喵的举动吓坏了，她告诉了喵喵的妈妈。妈妈意识到自己工作太忙，忽略了孩子的感受，让孩子太孤独。

周末，妈妈不再加班，她带着喵喵去楼下跟其他小朋友玩，慢慢地，活泼可爱的喵喵就受到了大家的喜欢，大家经常来找喵喵玩。

后来，喵喵再也没提过那个看不见的朋友"莉莉"了。妈妈和奶奶终于松了一口气。

孩子的内心需求得不到满足，就会通过幻想来满足自己的需求，他们有时以为虚拟世界里的东西也是真的。父母多让孩子交现实生活中的同龄小朋友，让孩子不再感觉孤单，孩子自然会慢慢忘记虚拟的朋友，回到现实生活中。

建议三：引导孩子走出虚拟朋友的"阴影"

有些孩子喜欢跟虚拟人物交朋友，有时是感觉孤单无聊，有时是把虚拟朋友当做了自己的替罪羊。孩子害怕父母的责罚，就把做错事的责任推到虚拟朋友身上，这通常是家庭教育太过严厉、冰冷造成的。

父母要做的不是否定孩子的虚拟朋友，而是引导孩子走出虚拟朋友的"阴影"。

赵敏学习成绩不理想，周末爸爸就想给她补补课，提高一下成绩。爸爸是个严厉的教师，平时总是板着脸，对敏敏也是不苟言笑。

爸爸给敏敏留下作业，就先出去了。敏敏做不出来，一会儿就分了心，开始在本子上乱画。一会儿爸爸过来，看到敏敏在乱涂鸦，生气地质问她："让你做作业，你怎么乱画。"

敏敏很害怕，战战兢兢地说："不是我，是昭昭画的。"

爸爸一听就很生气，敏敏一做错事就说是"昭昭"做的，其实根本就没"昭昭"这个人。爸爸想发怒，但还是冷静下来，尽量放轻语气说："敏敏，做错事就要学会承担责任，不能把责任推到别人身上，知道吗？"

敏敏没想到爸爸居然没有训自己。后来爸爸再也不随意批评敏敏，而是引导敏敏学会承担责任。慢慢地，敏敏再也不说昭昭做坏事了，彻底走出了虚拟人物的"阴影"。

孩子交虚拟朋友是有原因的，父母要及时引导，帮助孩子走出虚拟朋友的"阴影"。

妈妈，我就要糖人——恋物的孩子

教子实例

妈妈带着谷朋去乡下奶奶家里赶庙会，那里非常热闹，有很多新鲜玩意朋朋都没看过。奶奶给朋朋买了一个漂亮的糖人，朋朋爱不释手。

从那天开始，糖人就成了朋朋最重要的东西，到哪里都必须带着糖人。吃饭、睡觉、出去玩、上幼儿园都带着，一旦忘记了糖人，就开始大吵大闹，急躁不安。

"朋朋，洗澡的时候把糖人放下。"

"我不嘛。"

"睡觉了，把糖人放下再睡。"

"我不，我不，我就不。"朋朋不依不饶。

后来，妈妈给朋朋买了新的玩具，想让她放下脏兮兮的糖人，但朋朋说什么也不愿意。她不稀罕其他玩具，就只要她的糖人。

妈妈气得头都大了，她不知道朋朋为什么这么恋物，如此离不开心爱的糖人？

心理分析

孩子有"恋物瘾"是一种常见行为，孩子缺乏安全感，就容易对其他东西产生强烈的依赖，会让孩子感觉踏实安心。尤其是在陌生的环境，或看到陌生人，孩子一紧张就会下意识抓住什么。

还有可能是因为孩子的皮肤"饥渴"造成的。随着年龄的增大，孩子被大人拥抱的机会越来越少，孩子长期得不到父母的拥抱和抚摸，会不适应，容易出现恋物行为。

孩子恋物，不许他人轻易触摸，长期随身带着某件东西。东西不及时清洗或东西不能清洗，必然会带上细菌，使孩子容易患病。

面对过分恋物的孩子，父母要是强行把孩子的爱物丢掉，孩子会很受伤，也可能会让孩子产生怨恨心理，孩子的"恋物癖"会因为父母的不理解而变得更严重。

其实，父母不必太过于紧张，只要方法得当，很容易转移孩子的注意力，改掉孩子恋物的习惯。

平时父母要多与孩子谈心，了解孩子的心理需求，不要让孩子缺失安全感。没有安全感的孩子，性格是不健全的。让孩子感受到关心爱护，孩子就不会将感情全部寄托在爱物身上。

孩子容易对某个东西产生依恋，是他感觉这个东西重要，让他喜欢。父母完全可以多让孩子接触不同的新鲜事物，随着眼睛的拓宽，孩子就不会把注意力完全集中在某个东西上了。

父母切忌对孩子发怒，要缓缓改变，才会行之有效，水到渠成。

给父母的建议

你的孩子恋物吗？如果家里碰巧有恋物的孩子，父母不妨看看以下一些内容，相信会对改正孩子的恋物情结有帮助。

建议一：给孩子提供安全感可以改善"恋物癖"

现在社会，很多父母都无法亲自带孩子，陪伴孩子最多的往往是家庭保姆、爷爷奶奶和动画片之类的，孩子从小跟父母接触少，很容易对陪伴自己的东西产生感情。

父母再忙，每天都要抽出时间来陪伴孩子，让孩子明白父母关心爱护他。心里有了安全感，会与父母更亲近，就不会对其他事物产生强烈的依赖。

父母不妨多抱抱孩子、亲亲孩子、睡觉前给孩子讲故事、带着孩子出去玩，一定要尽可能地多花时间陪伴孩子。

建议二：多让孩子接触其他事物，分散恋物情结

孩子经常接触的东西，父母可以多给孩子提供几份，让孩子轮流使用，避免让孩子轻易爱上某件东西。面对有恋物情结的孩子，父母要带着孩子多出去玩耍。去玩游戏、去郊游、去登山。面对外界纷繁的事物，好奇心重的孩子，很容易转移注意力，暂时忘记爱物。

芬妮从小胆子比较小，之前几乎一直跟奶奶住。回到家里之后，对爸爸妈妈感到很陌生，喜欢一个人抱着脏兮兮的流氓兔看电视。

她告诉爸爸妈妈，说流氓兔是她最好的朋友，谁也不可以欺负它。有时，芬妮还会对着流氓兔自言自语。

爸爸妈妈很担心芬妮对流氓兔的强烈依赖心理，决定带着芬妮出去玩玩，让她不要天天呆在狭小的空间里，要学会接受新事物。

果然，芬妮迷上了玩跷跷板，坐在跷跷板上，她对着另一头的妈妈笑得那么开心。为了玩得好，芬妮让爸爸抱着她的流氓兔。

渐渐地，流氓兔不再是芬妮唯一的好朋友。她喜欢上了更多新鲜的事物，变得越来越开朗。

孩子好奇心重，喜欢接受新事物。多给孩子提供机会，可以分散孩子的恋物情结，让孩子的心胸视野都变开阔。

建议三：减少孩子与爱物的接触机会

父母要是强制性地扔掉孩子的爱物，孩子肯定会伤心难过，不依不饶，反而让孩子更在意被丢弃的东西。慢慢减少孩子与爱物的接触机会，给孩子一个适应阶段，让孩子改掉恋物癖会更容易。

麦克喜欢一个淡蓝色的小被子，不论晚上多么热，他都一定要盖着睡觉，否则怎么也不肯睡。妈妈给他盖上其他薄一些的毯子，他就是不盖，还会扔掉，直吵着要那个淡蓝色的小被子。

妈妈拗不过麦克，想拿给他，刚走几步，脑海里就有了一个好主意。

"麦克，那个淡蓝色的小被子妈妈已经给你洗了，现在还在滴水，盖不了啊。"麦克穿着拖鞋去阳台上摸了摸，果然还没干，他只能作罢。

后来，妈妈总是想其他理由，减少麦克跟蓝色小被子接触的机会，时间一长，麦克对蓝色的小被子就不那么依赖了。

如果孩子的爱物被扔了或者被藏了起来，孩子会很生气。但想办法减少接触机会，孩子虽然有些不高兴，但还是会接受，不会产生逆反心理和对抗心理。这是一种较为自然的做法。

妈妈，快救救我——孩子总是做噩梦

教子实例

4岁的米拉最近晚上总是做噩梦。凌晨时分，米拉忽然从噩梦中惊醒，大哭大闹，妈妈赶紧跑到米拉的房间，打开灯。

米拉指着柜子说："妈妈，那上面有毛茸茸的东西，一直在动，好吓人啊！"妈妈看看柜子什么也没有。

那天之后，米拉就不敢再一个人睡觉，妈妈只能陪在他身边安慰，屋里还要彻夜开着灯。好几次，凌晨两三点的时候，米拉就会从噩梦中惊醒，非说柜子上有毛茸茸的东西。醒来之后吓得满头大汗，紧紧抱着妈妈，不敢自己在房间里待着，非要跟妈妈一起睡。

妈妈反复告诉米拉，他只是在做梦，根本没有什么毛茸茸的东西，但米拉还是害怕。最后妈妈用尽了办法，但米拉做噩梦的状况还是无法改善。

心理分析

很多孩子在4岁之后会出现怕黑、做噩梦的现象。随着孩子的不断长大，他们会受周围环境的影响，会认识许多对他们来说较为恐怖的事情，例如父母讲述的可怕故事、影视剧作品里的妖魔鬼怪、黑暗中出现的蒙面人，会深深留在孩子的意识里。

在黑暗中，孩子的视力变得模糊，所以会通过想象来弥补视力不足，想象出很多模糊的妖魔鬼怪来吓唬自己，因此难免会感到恐惧。孩子越害怕，越容易受到噩梦的困扰。

同时身体虚弱、敏感的孩子，会更难习惯黑暗，也更容易做噩梦。还有很多做噩梦的孩子，都是父母吓唬孩子，让孩子产生惧怕心理造成的。

面对做噩梦的孩子，父母要适时出现给孩子最大的安抚，让孩子分清梦和现实，让孩子感受到父母实实在在的爱和关心。最好让孩子知道，父母会永远保护他，会永远在他身边。孩子有了安全感，才能更好地战胜心里的恐惧感。

同时，父母要耐心地开导孩子，帮助孩子寻找做噩梦的原因，让孩子明白虚拟的梦是不真实的，是不会伤害到孩子的。如果父母不以为意，让孩子长期受到噩梦的困扰，孩子的健康就会出问题。

有关研究证明，经常做噩梦的孩子，身体抵抗力相对较差，发育迟缓，同时极容易患上肠胃病。因此，父母不能不重视孩子做噩梦的现象。

给父母的建议

虽然大多数的孩子在白天看起来活泼可爱，但晚上一个人面对黑暗还是很容易害怕。父母要给予足够重视，避免孩子被噩梦缠身。

建议一：父母白天不要吓唬震慑孩子

孩子心灵比较脆弱，很容易把父母的吓唬和震慑当真，孩子白天有了心理负担就会心生恐惧或做噩梦。当孩子不听话时，父母经常用妖魔鬼怪来吓唬孩子；或者孩子不听话，就把他关在黑暗的地方，这些都会让孩子产生心理惧怕，是以后做噩梦的隐患。

米亚今年6岁了，是出了名的胆小鬼。很多小朋友都笑话他。

晚上在家，米亚从不敢一个人上厕所，不敢一个人在漆黑的屋子里睡觉，否则很容易做噩梦。

自从爷爷来到家里，就喜欢用"鬼"来吓唬米亚，只要他一不听话，爷爷就说。后来米亚就将"鬼"记在了心里。

爸爸感觉，米亚都6岁了，还这么胆小，这也不是办法，就跟米亚进行了沟通。

"米亚，你这么大了，为什么不敢自己一个人上厕所？为什么不敢睡觉？"

米亚一边玩一边说："我怕鬼，爷爷说了，鬼真是太可怕了。"

"原来如此。"爸爸自言自语，原来是爷爷吓唬他的缘故。

之后，爸爸跟爷爷说了米亚胆小做噩梦的事情，爷爷以后再也不吓唬米亚了。爸爸费了很大劲跟米亚解释了鬼是不存在的，是虚拟的。之后米亚的状况好多了。

孩子年纪小，阅历少，很多时候分不清是非，因此，大人的吓唬威慑，孩子很容易当真。白天受到惊吓，晚上自然很容易做噩梦。

建议二：不要在晚上跟孩子讨论噩梦的事

很多时候，孩子做了噩梦，父母会追根究底地问孩子到底梦到了什么可怕的事情，让孩子一五一十将梦境说清楚，这是不正确的。让孩子重新复述，无疑加深了孩子的印象，让孩子更加相信梦境。

父母应该想办法转移孩子的注意力，看看图画书，听听音乐，让孩子放松。说不定过一会儿，孩子很自然地就忘记了。

建议三：避免让孩子接触恐怖、血腥的节目或书籍

父母在给孩子选择书籍或影视节目时要很慎重，不要让孩子过早接触恐怖、血腥的书籍或节目，孩子容易受其影响，影响睡眠质量，频频做噩梦。胆小的孩子还容易被吓到，出现严重的心理问题。

孩子自制力差、分辨是非的能力也差，所以父母要履行好监护人的责任，避免让孩子接触恐怖、血腥的节目或书籍。

建议四：孩子做噩梦后父母要给孩子充足的抚慰

在大人看来，做噩梦不是一件大事，很容易就忘记了。但对幼小的孩子却不是这么回事。父母要多了解一下孩子做噩梦的根源，及时给孩子爱抚和拥抱，让孩子感受到真实的温暖。千万不要嘲笑孩子胆子小，也不要强迫孩子独自面对黑暗。

李真心是个胆小的小姑娘，但是随着年龄不断增大，她慢慢变得好起来了。因为妈妈的鼓励和关爱，让真心顺利度过了那段最害怕的时光。

真心每每做了噩梦就不敢再继续睡觉，妈妈总会陪着她，安慰她。真心担心妈妈会离开，使劲抓着妈妈不放。妈妈非常耐心温和地告诉真心："真心不怕，妈妈在这里，妈妈保护你。"

有时，妈妈会把真心紧紧抱在怀里，让真心有足够的安全感。还给真心装了一个小小的壁灯。慢慢地，真心几乎不再做噩梦，变得比以前坚强勇敢。

孩子不敢睡，父母不要以为孩子在胡闹，就吓唬孩子，如果那么做，孩子越来越觉得没安全感，会更胆小害怕。

我一定要赢——指导孩子正确竞争

教子实例

立强是个非常了不起的孩子，在大家眼里小小年纪的他非常优秀。

立强今年刚上幼儿园，他的记忆能力全班最好，唱歌最好听，写字最好看，画画也是第一名。幼儿园的老师和小朋友都认为他是幼儿园里最受欢迎的小朋友。

妈妈也很为立强自豪，逢人就夸他是多么聪明，简直就是一个小天才。

幼儿园进行了诗歌朗诵比赛，那天，立强回到家就不高兴了，在妈妈的追问下，他还红了眼睛，看起来很委屈。

"立强，你到底怎么了？赶紧告诉妈妈啊。"妈妈从没见过立强这么沮丧。

谁知立强愤恨地说："良良凭什么比我朗诵得好啊，他为什么要赢我啊？第一名一直是我的，现在却被他抢走了。"

听了立强的话，妈妈吓了一跳，孩子的这种心理太狭隘，长此以往，非常不利于孩子的健康成长。

心理分析

一般的孩子在2岁之后，就开始喜欢跟他人竞争，想要表现自己，从而得到大人的夸奖，来满足自己的内心需求。

有些孩子在跟小朋友一起时，总喜欢对比，喜欢分出一个高低输赢，这样的孩子在生活中并不少见。比如：在玩游戏时，一定要明确谁输了，谁赢了，老喜欢争来争去，让他人很反感。

孩子都希望得到最多的关注，最多的喜爱，让他人认可自己，否则心理就容易自卑。尤其是大人的关注减少，孩子会不安，就希望通过竞争来彰显自己，从而重新获得大人的关注。在这种心理的驱使下，很容易出现不正确的竞争。

有些孩子为了把他人比下去，过分在意输赢，跟他人发生矛盾时，甚至采取过激手段也要赢，很可能还会造成严重的后果。因此，父母一定要关注孩子的竞争意识，教会孩子正确竞争，不要过分纠结于输赢结果。

孩子还小，有时根本意识不到自己的竞争行为是错误的，所以才会过分在意自己是赢了还是输了。父母有必要给孩子灌输正确的竞争意识，让孩子明白竞争的精髓所在，不是为了表面的输赢，或得到大人的夸奖。

有的父母过分要求孩子争强好胜，凡事都要赢过别人，在父母的影响下，孩子自然会喜欢上竞争，甚至为了赢会做出过分的事。

父母对孩子要平和，对待孩子要前后一致。孩子在竞争中赢了，父母要表扬，孩子输了，父母同样要关爱。父母要以身作则，淡化孩子的恶意竞争意识。

教会孩子正确竞争，心态不要被输赢束缚，孩子才能健康茁长地成长。

给父母的建议

孩子6岁之前，是性格塑造的关键时期，教会孩子正确竞争当然也是越早越好，父母在教育过程中要注意以下几点。

建议一：父母不要鼓励孩子争强好胜

有些父母脑海中一直有些错误观念，认为争强好胜是孩子有上进心的表现，父母不仅不给予纠正，甚至还会沾沾自喜。

好胜心强的孩子，性格太过暴虐，在竞争中难免会求胜心切，然后做出打击其他小朋友的行为。

一旦他们竞争输了，会强烈否认自己，变得自卑。父母可以鼓励孩子力争优秀，但不要过度争强好胜。

建议二：帮助孩子建立正确的竞争观念

孩子喜欢赢，喜欢获得关注，是一种很正常的心理。孩子为了赢，有时会做出过激行为，但通常都是无意识的。他们不知道这是错误行为。

有时，孩子输了心理会出现偏差，会大哭大闹，心情非常沮丧。在他们眼里，有时候"赢"就是一种东西，很想拿过来占为己有。总之，孩子对竞争的概念很模糊。因此，父母非常有必要帮助孩子建立正确的竞争观念，让孩子以平常心看待输赢。

父母学会引导孩子正确的竞争观念，就可以纠正孩子的错误竞争行为，让孩子以平常心来看待得失，不再为输赢难过纠结。

建议三：同样要给竞争失败的孩子鼓励

有些父母在孩子取得了好成绩、或在竞赛中获胜时，会给孩子奖励。一旦孩子没有进步，或竞争失败，父母就开始数落孩子的不是。慢慢地，孩子的竞争心理会变强，只想赢过别人，获得父母的奖励。

这种做法是不科学的，要想让孩子学会正确竞争，对于失败的孩子，父母同样要给予关爱和鼓励。

为了让4岁的碧倩学会正确跟其他小朋友竞争，妈妈经常会让碧倩带着其他小朋友来家里做游戏比赛。做完游戏，妈妈不仅会给第一名奖励、夸奖对方聪明，同时也会给其他小朋友奖励。

这么做，赢了游戏的小朋友很开心，输了的孩子也不会有太大的挫败感。

久而久之，孩子们在游戏时都会尽力赢过别人，但也能正常看待输赢，不过分在意，也不沮丧。

往往孩子的竞争意识都会受到父母的影响，如果父母在对待孩子输赢的问题上会有不同的做法，孩子必然会渴望赢，很容易形成习惯性竞争的行为。

做事三分钟热度——孩子缺少专注力

教子实例

长青家里有很多漂亮的玩具，在逛街时，长青又央求着妈妈给她买新玩具，妈妈拗不过长青只好答应了。长青得到了新玩具，非常高兴，自己在屋里玩了半天。之后，她又把玩具扔在一边不要了。

之前妈妈认为，一般孩子都是喜新厌旧的，对长青的行为没有太在意。

现在，妈妈发现长青做什么事都是三分钟的热度，再喜欢的玩具，玩一会儿就又抛之脑后了。

长青在幼儿园上课也是，每次听课不到几分钟，就把注意力转到别的事情上了。周围有点风吹草动，都能引起她的兴趣，打断她之前所做的事。她就没有集中精力专注的时候。

妈妈让长青专注地干一件事，但都是三分钟热度，没一会儿就放下了手里的工作。妈妈感到头疼极了。

长此以往，她未来能干成什么大事呢?

心理分析

孩子注意力难以集中，做事三分钟热度是父母经常抱怨的话题。孩子一般以无意注意力为主，很多新鲜多变的事物都能干扰他们。

例如：忽然传来的声音、他人好看的衣服、新奇的发型、精彩的电视节目，都能打断孩子当时进行的活动，转而去干别的事情。

孩子做事总是三分钟热度，看起来根本没法持久干一件事。其实，父母不应该看这些表象，而是更深入地了解孩子为什么会这样，然后再帮助孩子改掉容易转移注意力的做法。

在父母眼里，孩子做的事没有什么重要的，因此常习惯性地命令孩子，让孩子以自己的意见为主。有时孩子正玩得起劲，父母因为有事就把孩子拉走，或者让孩子干别的事。父母意识不到自己已经打断了孩子的专注行为。

孩子心智不成熟，有时不知道自己对什么感兴趣，总是在尝试之后才明白。所以，他们喜欢一会儿干这个，一会儿干那个。有时，孩子只是在寻找自己真正的兴趣所在，并不是父母眼中做事不专注的表现。

除此之外，孩子对自己不擅长的事往往也难以专注。孩子耐心本来就不好，一直做不成某事，很容易被眼前的挫折打败，最终兴趣消失。孩子不懂得自我约束，所以干不成某件事，很轻易就放弃了。

面对做事三分钟热度的孩子，父母一味严厉指责起不到作用，越强迫孩子，孩子的注意力越容易转移。父母要结合孩子的性格习惯，帮孩子寻找锻炼专注能力的方式，让孩子成为一个注意力集中、做事有毅力的人。

给父母的建议

孩子做事三分钟热度，令父母很头疼，父母要如何训练孩子的专注能力，让孩子健康茁壮成长呢？

建议一：让孩子拥有明确的目标

美国的管理学家埃德温说过："有专一的目标，才会有专注的行动。"让孩子明确自己的目标，知道自己要干什么，为什么要干，孩子才会朝着既定的目标坚持干下去，才不会被外界的风吹草动打断自己的行为。

总之，有意识的指令，可以让孩子的目的性更明确，注意力会更集中，持续的时间也更长。

孟超一边看童话故事书，一边玩自己的钢笔，妈妈走过去问超超："你想要看书还是玩钢笔啊？"

超超很直接地回答妈妈："当然是看书啊。"

"但妈妈进来时，看见你正在玩钢笔。你要是想玩就玩，妈妈把书给你收起来。"

超超一听妈妈要收童话书，赶紧放下钢笔，用身子把书压住。

"妈妈，我要看书，我要看书。"

妈妈听了超超的话，把钢笔收了起来，超超开始专心地看书了。

每次妈妈进入房间，都会问一句超超在干吗，超超很自然地回答："看书"。

妈妈明智的行为，让超超知道了自己的小目标，因此，他才能更专注持久地看书。

孩子三分钟热度，注意力容易被分散是正常的事。父母要帮助孩子不断明确目标，让孩子知道自己在干什么。

建议二：孩子在干一件事时父母不要随便打断

在父母眼里孩子很多行为都是无意义的，所以父母喜欢不停纠正孩子的行为。父母要记住，孩子也有不被打扰的权利，孩子在专注做事时，不要随随便便打断，尽量让孩子做完你再说话。

这么做，你会发现没有坐不住的孩子，孩子慢慢会变得专注有毅力。

王李航跟小朋友在公园里堆沙子，有的小朋友堆了一座城堡，有的小朋友堆了一辆汽车。航航自己正在堆超人。

快中午了，一些小朋友的父母来找孩子回家吃饭，有的父母不管三七二十一就把孩子拉起来，往家里带，还一边教育孩子："你要是专心学习该多好啊，玩破沙子有什么用。你要是有专心背诗歌的劲儿，我可就满足了。"

孩子跟在妈妈身后很委屈，哀怨地扭头看了一眼还没做完的沙雕。

航航的妈妈站在太阳底下，一声不吭，她在等着航航完成自己的杰作。航航专心地做着沙雕，都没意识到妈妈来了。

过了一会，航航做好超人，高兴得跳了起来："我终于做好了，我终于做好了。"

这时，妈妈才走过去，拉起航航回家吃饭了。

路上航航问妈妈为什么不早早地叫自己。妈妈说："你在专心地做事，妈妈怎么能打断你呢？"

孩子的专注是从生活中每件小事中锻炼出来的，父母不要认为孩子做的事无意义就随便打断。其实，在无意中你已经破坏了孩子的专注能力。那孩子做事三分钟热度就是理所当然的事了。

建议三：利用有趣的游戏锻炼孩子的专注能力

孩子天生喜欢玩游戏，在游戏中能集中精力。父母可以跟孩子一起玩有趣的游戏，让孩子从中变得更专注，更有毅力。

让孩子做喜欢的事，是锻炼孩子毅力的好办法。既让孩子开心，又锻炼了孩子的能力，何乐而不为呢？

例如：父母可以陪孩子数方块，看谁在规定的时间内数得最多。孩子一般都会喜欢玩。

妈妈，我也想吃——孩子太贪吃

教子实例

谢萧萧今年刚5岁，却在幼儿园里有个非常不雅观的外号——无底洞。原因是每次老师给大家分饭时，她总是吃得最多，还没完没了。小伙伴们看她这么能吃，就开始喊她"无底洞"。

在家里，妈妈都不敢给萧萧拿零食。

上次，妈妈去超市买了一大包美味的饼干，拿出来一些放在盘子里给萧萧吃。

萧萧吃完了手里的，又开始吃盘子里的。等把盘子里的也消灭干净，径直跑到桌子旁边，把一整包饼干都抱进怀里，一只手抓着，使劲往嘴里塞。

妈妈冲着她喊："萧萧，你给我放下，你已经吃了那么多了，你想撑死啊？"

萧萧不给妈妈，使劲往客厅跑去，怀里还紧紧抱着饼干。

妈妈经常说萧萧："只要看见食物，满眼都是把它消灭干净的欲望。"

萧萧这么贪吃，妈妈想了很多方法都于事无补，非常替她着急。

心理分析

一般的孩子有些贪吃是正常行为，但如果长期如此，或贪吃比较严重，父母就必须多加注意了。

孩子贪吃的原因有很多，包括病理性贪吃。如果孩子贪吃严重，父母就需要带着孩子就医。

一般情况下，孩子贪吃并不是太大的问题，很多时候是父母的溺爱造成的。孩子一喊饿，父母就大量给孩子提供食物，慢慢地，孩子对食物的需求会越来越大，就变得贪吃。

有时，孩子吃东西就跟玩一样，一感觉到无聊就开始喊饿。很多孩子都喜欢玩食物。据有关调查，喜欢玩食物的孩子往往更贪吃。

还有的父母习惯把好吃的当做一种补偿或奖励给孩子。孩子不听话，哭闹不止，父母会给孩子好吃的，来让孩子高兴。或者，父母打骂了孩子，为了补偿孩子，也会用食物来弥补。时间一长，孩子对食物的依赖增大，变得越来越贪吃。

贪吃的孩子容易患上各种疾病。通常贪吃会抑制孩子大脑的智能区或心理区，也可能促使大脑早衰。同时，患上各种肥胖病的几率也会大增。父母不能忽略孩子的贪吃行为。

父母要帮助孩子树立正确的饮食观念，为孩子提供健康的食物，同时严格规定孩子的饭点饭量。不要由着饮食，孩子喜欢吃什么，就单一长期地做给孩子，孩子很容易产生挑食和偏食。

对待贪吃的孩子，父母要狠得下心来控制孩子的饭量，为孩子的健康成长着想。不能孩子一哭闹，父母就心软，缴械投降。

给父母的建议

面对贪吃的孩子，父母要与孩子斗智斗勇，帮助孩子改正不良饮食习惯。

建议一：帮助孩子树立健康的饮食观念

对贪吃的孩子来说，帮他们树立健康的饮食观念是非常重要的一课。孩子贪吃，会影响身体的健康，增加患上一些疾病的几率。

多向孩子传达健康的饮食习惯，日常饮食要合理搭配，不要太过单一。多吃水果蔬菜、高蛋白食物，少吃高脂高糖食品。

饮食要按点按量，吃饱饭就不可以在其他时间吃东西，让孩子学会克制不健康的饮食习惯。

建议二：在孩子贪吃时转移孩子的注意力

尤其是两三岁的孩子，总喜欢不停吃东西，把小肚子撑得鼓鼓的。看到别人吃东西，很容易向父母吵着也要吃。遇到类似情况，父母要学会转移孩子的注意力。过段时间，孩子很容易就忘记了。

尹妙是个贪吃大王，其他人的嘴就不敢动，谁要是吃东西，她不管自己饿不饿，都吵着要吃。吃不到还大哭大闹，最后大人往往拿她没办法，只能给她吃的。

后来，妙妙老吵着肚子疼，去医院检查，医生说她患上了肠胃病，跟她平时的贪吃行为有很大关系。

回到家，爸爸妈妈商量了一番，一定要帮助妙妙改掉贪吃的坏习惯。

妙妙在吵着吃东西时，妈妈灵机一动说："好孩子，一会儿吃东西，妈妈先陪你玩一会儿你最喜欢的大手掌游戏。"

果然，妙妙表现出了极大兴趣，高兴地跟妈妈玩了起来，把吃东西的事情抛在脑后。

就这样，爸爸妈妈总是想法暂时转移妙妙的注意力，陪她玩游戏、看电视、做运动，慢慢地，妙妙贪吃的习惯得到了改善。

孩子的注意力很容易分散，只要孩子不是真的饿了，父母就可以用孩子感兴趣的事情转移孩子的注意力，让孩子暂时忘记索要食物。只要养成习惯，恶习就容易改掉了。

建议三：不要让孩子带着情绪吃东西

众所周知，人在心情不好时，喜欢吃东西。通常会把东西当作泄愤的工具，如果形成习惯，孩子会变得贪吃。所以，父母不要让孩子带着情绪吃东西，这很容易让孩子学会暴饮暴食。

孩子情绪不好，父母要及时帮孩子缓解。等心情平复了，再让孩子吃东西，此时消化系统才能更好地消化食物。

建议四：不要把食物当做给孩子的奖励

有的父母为了奖励孩子听话或取得了不错的进步，就给孩子美食做奖励，或直接带着孩子去饭店，这不是好的奖励孩子的方式。孩子贪吃，会故意博得大人的欢心，如此循环下去，对孩子的身心发展都有影响。

米奇最喜欢吃带着奶油的甜蛋糕。一次，米奇在幼儿园里得了一朵小红花，妈妈很高兴，就问她想要什么奖励。

米奇含着手指，歪着脑袋想了一会儿说："妈妈，我要奶油面包。"

妈妈想了一会儿，没有答应米奇的要求："我们刚刚吃了饭，现在不要吃东西了，会撑坏的。这样，妈妈给你买张大卡片，你每得一次小红花，妈妈就给你盖个章。要是章盖满了，妈妈就奖励你一个超级漂亮的书包。"

米奇觉得妈妈说得有道理，连忙高兴地拍手答应了。

父母不要随意奖励给孩子食物，容易让孩子只对食物感兴趣。要想奖励孩子，有很多方式。对贪吃的孩子，一定要杜绝食物奖励。

孩子突然变口吃了——警惕口吃行为

教子实例

雪莉是个非常可爱漂亮的孩子，大家都很喜欢她。雪莉3岁了，却变得有些口吃，说话断断续续，让父母很着急。

妈妈带着雪莉去商场买衣服，走到儿童专柜，雪莉指着一件粉色的蕾丝连衣裙，脸蛋憋得红红的对妈妈说："买，买，我要买这个。"

妈妈一听雪莉又开始结巴了，气不打一处来。

"你就不能好好说话，非结结巴巴的？"妈妈说话的声音有些大了。

雪莉吓得当场就哭了。

妈妈带雪莉回家，之后每天都会集中精力对雪莉进行严格的说话练习，但一段时间过去了，雪莉的口吃行为一点也没好转，反而更厉害。

心理分析

在幼儿园的课堂上，如果老师提问问题，有些孩子可以回答得非常流利，而有的孩子一站起来就变得结结巴巴，口齿不清。这种情况很常见。

其实，孩子在3岁左右出现结巴状况是很正常的行为，这段时期，孩子心智成长，语言发展也良好起来。孩子渐渐不再满足使用之前简单的词汇，他们在说话时，开始从脑海里挑选那些高级词汇，并组织语言，所以反应速度难免会变慢。

如果出现这种情况，父母也不要着急，要耐心倾听孩子讲话，给予孩子理解。

孩子忽然出现结巴的原因还有很多，孩子喜欢模仿，有时遇到其他口吃者，孩子感觉好玩，就忍不住模仿对方讲话，慢慢就形成了口吃习惯。

有些孩子长期处在焦急、忧虑、紧张状态下，心理充满压力，也会变得口吃，说话吞吞吐吐，含糊不清。心理压力过大是造成口吃行为的原因之一。父母要学会减轻孩子的心理负担。

如果自己的孩子忽然变得口吃，父母不要过于紧张慌乱，害怕影响孩子的未来，从而强迫孩子改正，甚至责骂孩子。这么做孩子的口吃不但不能缓解，反而因为过大的心理负担而变得更严重。

总之，孩子出现口吃现象比较正常，原因也很多。父母要及时关注孩子的变化，警惕孩子的口吃行为，然后再想办法帮孩子解决。

给父母的建议

大家都喜欢伶牙俐齿，说话流利的孩子，所以孩子变得口吃父母会焦急不安，那父母应该如何警惕孩子的口吃行为呢?

建议一：孩子偶尔说话结巴，父母不要大惊小怪

孩子的语言能力还不是很完善，组织语言时难免会慢一些，偶尔出现口吃行为很正常，父母不要特别警觉。如果父母表现得过于紧张，孩子会害怕，说起话来越来越困难，甚至慢慢变得不爱说话。

父母的惊吓、严厉的惩罚、责备的声音都会引起孩子的口吃。原本的偶尔行为，说不定就会成为习惯行为。

总之，孩子掌握的词汇量还不足以完全表达自己，口吃只是暂时的，所以父母不要大惊小怪。孩子慢慢会纠正过来。

建议二：父母要耐心，给孩子创造轻松的语言环境

孩子说话偶尔含糊不清，结结巴巴时，父母要告诉孩子放慢语速，慢慢来。有时孩子急于表达自己，而语言又跟不上，所以就会口吃。

这时父母要表现出极大的耐心，让孩子慢慢说，耐心倾听，从而帮助孩子顺利地度过这段时期。

朱莉的妈妈对朱莉要求很严格，朱莉又淘气，经常做错事让妈妈生气。妈妈轻则责骂朱莉，重则打骂。每次朱莉闯了祸时，看见妈妈怒气冲冲地走过来，都会变得很紧张，说话也结结巴巴的。

后来，朱莉的口吃行为越来越严重。每次都哭着跟妈妈说："妈，妈，妈妈，我，我再也，不敢，了。"

妈妈听见朱莉这么说，更加生气。

后来爸爸意识到妈妈这种管教方式很不好，就对妈妈提了意见。

爸爸从不打骂责备朱莉，他带着朱莉玩耍游戏。每次朱莉犯错了，爸爸都会很宽容地包容，再耐心告诉她那样做是不对的。

朱莉口吃时，爸爸会抚摸着她的脑袋说："孩子，慢慢说，不着急。"最后，爸爸的耐心包容，用心倾听，让朱莉慢慢变得放松，心理负担减少，口吃行为也得到了缓解。

孩子的心理比较脆弱，对孩子严格责骂很容易让孩子有心理阴影，孩子的口吃行为会更严重，只有给孩子创造轻松的语言环境，口吃才会纠正。

建议三：父母要教育孩子不要模仿口吃者

对孩子来说，口吃的感染性很强，很容易受到周围人的影响而模仿。如果长期跟口吃者交往和接触，孩子就容易形成口吃。

有关调查证明，90%以上的口吃患者，小时候都接触过口吃者。孩子因为好玩而模仿，渐渐地，会形成坏习惯。

羽然今年4岁，活泼可爱，聪明伶俐，很得父母的喜欢。

羽然上了幼儿园后，说话开始口吃，起初妈妈没当回事，后来发现越来越严重，才开始重视。

羽然说话断断续续，说不出一句完整话。有时碰到陌生人，更是紧张得一句话也不说。

后来妈妈跟老师进行了沟通，才知道羽然跟班里一位口吃的小朋友玩得很好，经常模仿小朋友说话。

妈妈告诉羽然不要学习口吃人的说话方式，那种方式是不对的，要多学习父母、老师和其他语言流利的小朋友的说话方式。模仿口吃，一点也不"好玩"。

父母对羽然进行了一段时间的教育纠正，羽然明白了什么才是正确的说话方式，说话流利多了。

孩子看到口吃患者的说话方式很新奇，难免会好奇模仿，只是为了好玩。父母要让孩子意识到正确的说话方式，不要轻易模仿口吃，多向语言流利者学习。

妈妈，我头疼——查明孩子装病的原因

教子实例

由于妈妈重新找了工作，4岁的珍珍被迫上了幼儿园小班。可不知道为什么，自从上了幼儿园后，珍珍就不断生病。

星期一早上，妈妈正要送珍珍去幼儿园，珍珍突然大叫头疼。妈妈很担心，立刻带珍珍去医院检查，可是经过一系列检查后，什么毛病也查不出来。

妈妈还是不敢大意，就请假在家里陪珍珍。可是妈妈发现，从医院回到家的珍珍就像变了一个人似的，蹦蹦跳跳，拉着妈妈一起玩游戏。

第二天，看到珍珍恢复健康去了幼儿园，妈妈这才放下心来。

可是到了下一个星期一，珍珍又吵着头疼。这样的次数多了，妈妈终于发现，珍珍是在装病。可是看到珍珍一脸纯真的样子，妈妈又不知道该不该揭穿这个骗局。

心理分析

有的孩子本来身体好好的，一要去上学或者被要求做自己不喜欢的事情，就喊自己头疼肚子疼，生活中父母们经常会碰到这种情况。很多父母常常对此束手无策，相信吧，这病来得太突然；不信吧，孩子又口口声声嚷着不舒服。

上述案例中珍珍的行为，就是典型的装病行为。成长阶段的孩子，因为生病能得到额外的照顾，常常会以生病为借口，逃避某些责任或者吸引父母的注意。

孩子装病有可能是出于下面几个原因：一是向父母撒娇，赢得父母的关心和疼爱；二是不想去做某事，拿生病当作推托的借口；三是把生病当成吸引父母注意的一种手段，比如父母之间有了矛盾，孩子就可能会用装病来缓和家庭的矛盾。

给父母的建议

如果父母觉得自己的孩子在装病，可以参考以下的一些做法帮助纠正。

建议一：分析孩子装病的原因

孩子为什么要装病？目的是什么？这是问题的关键。孩子装病，通常是因为：外边有人欺负他，比如大孩子打他或敲诈他；不喜欢学习，害怕遭到老师的批评；做了坏事，怕被别人发现；或者有某个愿望想实现，比如想得到一件新衣服、一个玩具等；感到孤独，希望父母亲陪伴在自己身边；拒绝参加某个不喜欢的活动或做自己讨厌的事，等等。

孩子装病原因复杂，父母只有正确了解，才能"对症下药"。否则，即使知道他是装的，教育也不具备说服力。

建议二：让孩子懂得"生病"不是万能的

对体弱的孩子来说，生病是一件普通而经常的事情。但即便是家常小事，也须谨慎处理，要让孩子懂得分清因果关系，"生病"并非逃避责任的法宝。

父母要教孩子明白，他生病了，这没错，但只要吃了药，病就会有好转，至于上不上课，那是另外一回事。

父母一定不能让孩子潜意识里觉得"生病"和"不上课"之间存在必然联系，不是说所有的病都可以不上课。否则，孩子接下来的行为就很容易预测了——装病不上课。

建议三：孩子生病期间父母不要过分溺爱

有时孩子装病，是因为生病之后，父母会对自己格外好，甚至是百依百顺，久而久之成了习惯，当有些目的达不到时，孩子就会拿出生病这个法宝来控制父母。

所以，父母一定不要过分放纵生病的孩子，有些平时禁止的坏习惯，比如长时间地看电视、玩游戏、无节制地吃零食，还是应该继续禁止，孩子提出的不合理的要求也不能随意满足，不搞特殊政策。

这样孩子知道了生病并不是想做什么就能做什么，就不会无缘无故地装病了。对于孩子，可以借讲故事的形式来帮助孩子树立战胜疾病的勇气，不拿生病当作撒娇的理由。

建议四：要科学对待孩子的真病

孩子动辄爱装病，这恐怕与父母平时不能正确对待孩子的真病有关。

有的父母一发现孩子身体有点不适，就惊惶失措，大呼小叫，把问题看得过于严重；有的父母在孩子生病时，无原则地迁就孩子，提出什么要求都予以满足；有的父母在孩子生病时，宽容了孩子不应该犯的过错，如说谎、偷拿东西、无端发脾气等；有的父母平时对孩子不大有疼爱的举动，一旦孩子生病就会给予特别的疼爱。

凡此种种，都会让孩子产生一些不良心理，认为生病不一定是坏事，反而有可能得到平时不易得到的东西。事实上，孩子有些坏习惯、坏脾气，也是在生病过程中养成的。

建议五：鼓励孩子表达自己的想法

明确告知孩子：装病就是说谎，说谎是坏习惯。鼓励孩子在有为难之事时，直接向父母表达，例如"我不喜欢弹钢琴"，而父母要尊重孩子的兴趣选择，艺术类专业并不是每个孩子的专长与爱好。

若孩子表达了"今天我不想去上学"时，父母切莫训斥，而要替孩子分忧解难，使孩子在父母身上学习到面对挫折的勇气，而不是借"病"逃避。

建议六：帮助孩子解除"心病"

和装病的孩子多谈心，了解孩子内心的实情，共同寻求解决之道。即使知道孩子是真的在装病，父母一般也不要直接去揭穿，因为孩子为了维护自己的自尊心，会坚持说自己生病是真的。

比较可取的方法是和孩子多聊聊天，旁敲侧击地了解孩子的需求，找出他装病的真正原因；也可以让孩子来提出解决的办法。一般来说，孩子的"心病"一除，外在的病症很快就会好了。

我也要化妆——孩子只是想美丽

教子实例

4岁的小鸽很漂亮，面容清秀，还有一双水汪汪的大眼睛，她非常爱美丽。

小鸽的妈妈平时很喜欢化妆，小鸽总喜欢黏在妈妈身边，好奇地看着，不时还用手拿着化妆品观看一会儿。

有天，小鸽很想试用一下妈妈化妆台上各式各样的化妆品，想学妈妈的样子，把自己打扮得好看一些。

趁着妈妈不在房间，小鸽就把化妆品涂在了脸上。没过多久，她的脸开始过敏，脸上布满了小疙瘩和红斑。妈妈发现后吓坏了，赶紧把小鸽送到了医院。经过治疗，小鸽的症状才得到了缓解。

妈妈责怪小鸽不听话，小鸽委屈地说："我想跟妈妈一样美丽嘛！"

妈妈听了哭笑不得。

心理分析

随着孩子不断长大，他们对美的认识也逐渐加深。起初，孩子对美的直观感受来自于五颜六色的化妆品，看起来很漂亮，孩子就想用它来装扮自己。这些往往都是孩子内心渴望长大的缘故。

几乎每个孩子都会有追求美丽的敏感期，父母不要太过紧张。在这个时期，尤其是女孩，开始挑选美丽的衣服，开始模仿妈妈化妆，钟情于漂亮的头花饰品，她们想摇身一变，成为"小大人"模样。

还有些孩子喜欢化妆是想得到大人的赞赏。很多孩子都喜欢大人们夸她漂亮，从而心里会产生强烈的满足感，有了种想法，孩子就想通过化妆变得更美好，从而获得更多的赞许。

对于孩子的敏感期，父母要有正确认识，不要担心孩子的反常行为，更不要随意地指责孩子，孩子只是盼望着长大。父母要耐心为孩子讲解正确的审美观，顺势引导，让孩子的身心更加健全。

作为父母，要成为孩子的好榜样，不要过多地在孩子面前化妆，不要炫耀外表服装，让孩子从小就有了太过注意外表的意识。总之，"成人化"不利于孩子的健康成长。

为了孩子的健康成长，父母要学会引导孩子健康的审美观，不要太过注意外在的浮夸，而是将更多的注意力放在内在美上。

给父母的建议

俗话说得好："爱美之心，人皆有之。"孩子也不例外。面对喜欢"臭美"的孩子，父母要如何引导教育呢?

建议一：让孩子明白为什么不适合用化妆品

父母要告诉孩子，孩子的皮肤比较白嫩，不需要化妆也很好看。化妆品里面含有化学成分，对孩子稚嫩的皮肤有强烈刺激，用了之后脸上容易长痘痘，长红斑。

孩子不会使用，如果不慎弄进眼里，会产生危险，到时候后悔晚矣。所以孩子不要随意使用化妆品，要等到长大后再使用。

建议二：父母最好不要经常在孩子面前打扮

孩子是天生的"小小模仿家"，如果妈妈经常在孩子面前梳洗打扮，孩子会很自然地模仿大人涂脂抹粉，让孩子过早成熟。

有些父母在孩子面前打扮好后，还自豪地征求孩子的意见，问孩子："妈妈漂亮吗？"这种做法非常错误，会让孩子更喜欢模仿大人的装扮，成为漂亮的人。父母要以身作则，不要过度追求外在美。

王冉的妈妈经常在王冉面前化妆，有时在王冉的要求下，还给她画一点。慢慢地，王冉就养成了喜欢抹口红，画眉毛的习惯，对衣服也越来越讲究。

有一天，妈妈带着王冉去理发厅烫头发，王冉也哭闹着非要烫，不烫就不走。没办法，妈妈只能满足了王冉的要求。

回到家，爸爸责怪妈妈把王冉打扮成了小妖精，两个人争吵了起来。最后妈妈把头发又做回了原来的样子，王冉才同意跟妈妈一样。

经过这件事，妈妈也意识到了错误，之后不再在孩子面前过多地化妆，不再给孩子化妆。慢慢地，王冉看妈妈不怎么化妆烫头了，自己的兴趣也慢慢降低了。

孩子在爱美的敏感期，父母尽量不要当着孩子的面化妆，否则孩子很容易效仿，养成不良的习惯，影响孩子的健康成长。

建议三：父母要引导孩子正确的审美观

面对孩子的"爱美"行为，父母不要心烦意乱地责备，而要把孩子的爱美当做教育孩子良好成长的机会。引导孩子，让其知道什么是正确的审美观。

一个人真正的美丽不是外在，而是由内散发的一种内涵。要给孩子介绍，什么是个性之美，什么是美德之美，什么是自然之美，什么是科学之美等等。在父母的谆谆教导下，相信孩子会转移注意力，更多关注内部深化之美。

当孩子问父母自己打扮得美不美时，父母要给出客观评价，不要过多地肯定外在装扮。

妈妈正在看电视，5岁的小嫣然从卧室走了出来，拍了拍妈妈的肩膀，妈妈一回头顿时吓了一跳。

原来小嫣然自己在屋里化妆了，嘴唇涂得红红的，小脸画得红红的，眉毛画得一个长一个短，样子太好笑了。

"你这是干什么啊？"妈妈好笑地问。

"妈妈，我好看吗？"小嫣然期待地看着妈妈。

"嫣然，你本来就很好看，根本不用化妆的。"妈妈不想让小嫣然过分喜欢化妆。

"可电视上的阿姨都化妆啊！"

"那是因为她们没有你好看啊。一个人真正的美是发自内心的，善良的人很美，努力的人很美，温柔的人很美，这些可不是化妆就能做到的啊。"妈妈拉过小嫣然，悉心教育。

"那，妈妈，你帮我洗干净吧，我要做善良努力的美人。"

妈妈真高兴，小嫣然"开窍"了。

有些父母看见孩子化妆，不问三七二十一就责备训斥孩子，告诫孩子以后不准再碰化妆品。孩子都有叛逆心理，父母越反对，他们越好奇。父母要学会引导孩子的审美观，让孩子明白什么才是真的美。

第*07*章

正面面对孩子的性问题——
把握性教育的最佳期

为什么不能看？——培养孩子的性别意识

教子实例

郝友今年刚3岁，上了幼儿园。一天妈妈去幼儿园里接友友，却发现了很不可思议的一幕。

一个小男生穿着小短裤，把友友拉到一棵树旁边，然后撑开自己的裤子，让友友看。友友睁着好奇的眼睛，仔细研究，两个人似乎还在讨论什么。

妈妈赶紧走过去，拉起友友就走。

"友友，你怎么能看男生的裤子呢？你可是个女孩子。"走远了一些，妈妈很生气地跟友友说。

"妈妈，为什么女孩子不能看男孩的裤子里呢？为什么男孩子和女孩子不一样呢？"友友不明白妈妈为什么会生气。

妈妈听了友友的话，忽然意识到，平时自己对友友的性别知识教育不够。

心理分析

有些父母认为，孩子小时候没有性别意识，等长大了才有，其实这是一种非常错误的观念，正常情况下，孩子3岁时就开始有性别意识。因此，培养孩子的性别意识要从小做起。

3岁以后，孩子的性别意识会越来越明显，这时父母应给予相应的指导，从孩子的着装和言行举止各个方面，进行针对性地培养，让孩子的心理性别逐渐形成。

男孩、女孩的性别教育方式要分开，让孩子明确知道不同性别间的区别，让孩子的性格明朗化。如果孩子的性别意识模糊，很容易形成性格缺陷。有些变性者，就是因为心理性别和生理性别不一致造成的。

有些孩子经常问父母为什么男孩女孩不一样，为什么男孩有"小鸡鸡"女孩没有？面对敏感问题，很多父母会含糊回答，似乎不愿意孩子知道得太早。

性别教育是性教育的基础。如果父母一直回避这个问题，孩子对性也会有错误认识。父母的回避让孩子认为性是羞耻的，严重的会影响孩子之后的幸福生活。

其实父母大可不必回避这个问题，在国外性别教育是一堂基本课程。孩子对性格有了明确认识，有利于孩子身心健康。

父母是孩子性别教育的启蒙老师，性别教育是孩子自我认知的启蒙，因此，父母要扮演好自己的角色，为孩子形成健康人格打下基础。

给父母的建议

培养孩子的性别意识不是一朝一夕的事，父母要从生活中的一点一滴影响孩子、教育孩子。经过一段时间的努力，孩子很自然会有深刻的性别意识。

建议一：从3岁开始培养孩子的性别意识

从孩子3岁时，父母就应该有意识地培养孩子的性别意识。虽然孩子的性别意识在青春期才能真正形成，但小时候受到的性别教育影响要比青春期大得多。

很多性别意识模糊或扭曲的人，十有八九是因为小时候性别教育不好造成的。心理性别与生理性别相悖，人就容易产生变性的想法。

建议二：让孩子对自己的性别有正确的认识

孩子小时候性别意识模糊，起初很难分清男孩女孩的区别，对自己的性别没有清楚的认识。父母要时常教育孩子，让孩子明确自己的性别。多传授性别知识，孩子才能更好认识自己。

杜萱今年刚5岁，一天，从幼儿园放学回来，高兴地对妈妈说："妈妈，妈妈，我想要跟娜娜结婚。"

娜娜是萱萱的女同学，两个人玩得很好。

妈妈觉得很好笑，就问萱萱："为什么要和娜娜结婚？"

萱萱从包里拿出一个大白兔奶糖说："娜娜对我可好了，你看，今天她又给了我一个大白兔奶糖。所以，我想要嫁给她。"

妈妈蹲下来，抱着萱萱说："萱萱，你很喜欢娜娜没错，但你们不能结婚的。"

"为什么啊？"萱萱很不解，"为什么爸爸妈妈可以结婚，我就不可以。"

"女孩和女孩不能结婚，你是女孩，娜娜也是女孩啊。"

"那怎么样才能结婚呢？"

"女孩跟男孩才可以结婚的。"妈妈摸着娜娜的头耐心地解释着。

"哦，我是女孩子，那以后，我要跟男孩子结婚喽？"萱萱终于明白了。

"是的，萱萱真聪明。"

孩子经常会有奇怪的想法冒出来，很多是因为性别观念不清楚的缘故。父母悉心教导，孩子对性别观念的理解会更深刻。

建议三：孩子的日常用品要有性别区分

有关研究证明，给孩子提供的日常用品，对孩子性别意识的建立有重要的影响。

给孩子提供的日常用品要有性别区分。比如孩子的玩具，女孩多喜欢布娃娃、毽子、皮筋；男孩多喜欢枪、球、玩具汽车等。还有，女孩多喜欢粉色，男孩多喜欢蓝色。父母要有意识地给孩子提供。

这么做孩子上幼儿园后才能和其他小朋友友好相处，避免性别问题的出现。

建议四：穿衣打扮，行为举止要符合性别

穿衣打扮、言行举止，是区分男孩女孩的重要因素，也是培养孩子性别意识不能忽略的部分。一些孩子穿衣打扮和行为举止与性别不符，往往是因为父母对孩子的外在不注意。

有些父母在孩子小时候会按照自己的喜好，把男孩打扮得像女孩，慢慢地，男孩长大了，难免会出现过多的女性动作，被很多人称为"伪娘"。

孩子的穿衣打扮、行为举止，父母要时刻注意，并及时纠正。

杜壮是个很漂亮的男孩子，很多时候大家都以为他是女孩。

有一天，壮壮回来告诉妈妈，说他要穿裙子，邻居家的小朋友都是这么穿的。妈妈不以为意，告诉壮壮家里没裙子。

谁知，过了一会儿，壮壮穿着邻居家小朋友的裙子回来了，还高兴地冲着妈妈说："妈妈，你看我好看吗？大街上的阿姨都说我好看，像个小女孩。"

妈妈又好气又好笑："壮壮，你是个男孩子，不能穿裙子。"

壮壮不明所以地看着妈妈。

"你看大街上穿裙子的都是姐姐或阿姨，哪儿有男孩子啊？"

壮壮一时不明白，妈妈多次教育壮壮。过了些日子，壮壮才明白了，男孩子不要穿裙子，要穿裤子。

孩子小时候没有很好的识别能力，如果习惯了与性别不符的打扮，很容易形成习惯，不利于性别意识的培养。

我从哪来的——告诉孩子生命之源

教子实例

一天，韩宝跟妈妈在厨房里做饭。宝宝不知道想到了什么，忽然摇着妈妈的胳膊问："妈妈，我是哪儿来的啊？"宝宝满眼期待，等着妈妈回答。

"还能是哪儿来的啊，当然是从外面捡来的呗。"妈妈忙着做饭，敷衍着宝宝。

"从外面捡来的？从哪里啊？"宝宝信以为真，有点伤心。

"哎哟，是从垃圾箱，垃圾箱里。"

"这么说，你不是我的亲妈妈了？"宝宝声音带着哭腔。

"对啊！"妈妈在逗宝宝玩，这么小的孩子，想法可真多。

宝宝不吭声了。

等妈妈做完饭，发现宝宝没在客厅看动画片，卧室里传来了哭声。

妈妈打开房门，看见宝宝抱着被子哭泣，看见妈妈进来，宝宝哭着说："我不是你的亲孩子，我要找我亲妈妈去。你是童话故事里恶毒的后妈，我不要后妈。"

妈妈在一边愣住了，她不知道自己的一个玩笑会让孩子这么伤心，顿时后悔极了。

心理分析

相信几乎所有孩子小时候都问过父母类似的问题，关于这个问题的答案也五花八门。父母为了敷衍了事，很多时候都称孩子是捡来的，或者是从哪个地方冒出来的。这样的回答会让孩子感觉很受伤，也不利于亲子关系的和谐。

有些父母认为，要是回答孩子的问题，就难免会谈到性这个话题，不免有些尴尬。其实父母不需介意，完全可以用形象的比喻，或告诉孩子一些专业的生殖名词，给孩子讲个大概。让孩子知道他是从哪里来的。

性教育一直是许多父母避免谈起的话题，其实根本没必要。坦白地告诉孩子他是如何来到这个世界上的，母亲是经历了怎样的生死考验才生下他的。当孩子问他是哪儿来的时，是对孩子进行爱和生命教育的最好时机。

让孩子明白生命是一件正常的事，不是一个非常神秘的事物，如此孩子的心中就不会留下一些不正确的心态，影响心理的正常发育。

父母告诉孩子的方式有很多，孩子还小，有时听得也不明白。父母可以用简单形象的比喻，让孩子明白自己的来源，打破孩子的疑惑或不安。

给父母的建议

十月怀胎不易，相信每对父母都希望给孩子一段幸福人生。那么让孩子知道自己是从哪里来的，就是幸福的开始。

建议一：父母欺骗孩子会让孩子很受伤

很多父母都喜欢骗孩子说其是捡来的，孩子听了之后会感觉不安和受伤。潜意识里会出现情感淡漠，安全感也会减弱。父母生下孩子不容易，为什么要用欺骗的方式让亲子关系变得淡漠呢？

所以父母不要告诉孩子是捡来的，要告诉孩子实话，或者给孩子一个有爱的解释，让孩子明白父母是爱孩子的。如此，有利于亲子关系的和谐。

建议二：让孩子明白他是"一颗种子"变来的

父母可以告诉孩子是一颗种子变来的，他在一个叫子宫的地方，慢慢长大。然后，护士阿姨就把他取出来了。这么说，不但满足了孩子的好奇心，还不会让孩子产生恐惧心理。同时对生命充满憧憬和向往。

有一天，杨志看着动画片，忽然就开始缠着爸爸问自己是从哪里来的，非要让爸爸如实告诉他。爸爸想了想，就绘声绘色地给志志讲起来。

妈妈身体里有个叫卵子的细胞，爸爸身体里有个叫精子的细胞。有一天，卵子和精子相遇了，就成为了一颗种子。后来这颗种子就去了妈妈肚子里，找到了一个叫子宫的房间住下了。

后来它吸收了妈妈体内很多的营养物质，然后成为了胚胎。又过了十个月，护士阿姨把它从妈妈的肚子里抱出来。最后那颗种子就长成了你的样子。

"哇，真是太有意思了，原来我是从妈妈的肚子里长大的，真是太神奇了，妈妈真是太了不起了。"志志拍着手跑出去，去跟小朋友分享他是如何出生的了。

告诉孩子真相，不但能让孩子了解基本的性知识、满足孩子的好奇心，还能让孩子客观认识生命的诞生，从而尊重热爱生命。

建议三：给孩子观看有关分娩方面的影像

有时候孩子对父母的解释不满意，也听不明白，会一直没完没了地问。父母可以给孩子看一些有关分娩的影像和视频，来满足孩子的好奇心，告诉孩子生命之源。

一天明浩在家看动画片《大耳朵图图》，里面图图和小美讨论，孩子是从哪里来的。壮壮说："孩子是从商店买来的。"

听了这句话，明浩就问妈妈："妈妈，我也是从商店买来的吗？"

妈妈一时不知道如何回答，就从网上找来一个国外性教育的视频，用卡通的方式讲述了卵子和精子是如何相遇的，孩子是如何在子宫成长并最终分娩的。

明浩一边看，妈妈一边讲，儿子感觉有趣极了。他终于知道，自己不是买来的了。

对孩子从小就应该进行性教育，这是无可非议的事。父母可以配合性教育视频给孩子讲述生命之源，让孩子从小就有正确科学的认识。

建议四：让孩子知道他的生命源于父母的爱

还有许多孩子有这样的疑问，他们好奇为什么爸爸妈妈就能结婚，就能生小孩？父母从小要对孩子进行爱的教育，让孩子知道有爱的人才能结婚，才能生出小孩。如此，孩子对性教育会有科学认识，才会珍爱生命，感恩父母，怀着爱心生活下去。

男孩女孩不一样——让孩子认识自己

教子实例

有一天，张山山无意中看见妈妈正在洗澡，发现妈妈没有"小鸡鸡"，忽然就开始坐在地上大哭。妈妈吓坏了，赶紧穿上衣服问山山为什么哭。

"妈妈，我和爸爸都有'小鸡鸡'，你的小鸡鸡去哪儿了？是不是掉了。"

妈妈不知道怎么跟山山解释，想了半天才说："妈妈没有'小鸡鸡'，你和爸爸是男生，妈妈跟你们不一样。"

"你骗人，你骗人。没有了'小鸡鸡'你怎么撒尿啊？"山山不依不饶，妈妈非常头疼，不知如何是好。

心理分析

父母在教育孩子时首先要培养孩子的性别意识，然后，让孩子正确认识自己、知道男孩女孩的不同之处也是非常有必要的。

在男孩眼里，小时候会认为大家都是应该有"小鸡鸡"的，还认为没"小鸡鸡"的女生不正常。这种错误认识，是因为孩子年幼，不能正确认识自己和他人造成的。孩子天生就对人的身体感兴趣，会不断探索其中的奥秘。父母要告诉孩子男孩女孩之间的区别。

孩子会观察他人的身体跟自己是否一样，完全是受好奇心的驱使，是孩子性心理发育的一种正常表现。在这个过程中会有许多相关问题等待着父母去回答。

孩子发现自己的身体和别人的身体不一样，往往会打破砂锅问到底，父母没必要回避这些问题，反而应该大大方方地讲给孩子听。

父母可以先让孩子了解自己的身体，满足好奇，帮孩子解答。对于孩子隐私的地方，父母要多多提醒。

只有让孩子认识了自己、明白了男孩女孩之间的区别，孩子才会更明确自己的性别，避免做很多不符合性别的事情。

父母要尽量用孩子能听懂、接受的语言，给孩子传达性别知识，不要让孩子长期处在一知半解的状态。只有从生理上对自己有了正确认识，性心理才会更明确。

给父母的建议

帮助孩子认识自己，是父母义不容辞的事。作为替孩子解惑的老师，父母需要注意什么呢？

建议一：帮助孩子探索认识自己的身体

孩子不仅对别人的身体好奇，对自己的也不例外。在两三岁时，孩子就喜欢玩自己的身体，男孩尤其喜欢玩自己的"小鸡鸡"，父母越不让玩，孩子越玩。

父母要帮助孩子认识"小鸡鸡"的功能，告诉孩子，手上全是细菌，不能随便玩"小鸡鸡"，否则很容易会感染。

俗话说："孩子探索自己的身体，是健康性教育的开端。"在孩子睡觉和洗澡时，父母也可以多帮孩子认识自己的身体，打破身体对孩子的神秘感。

建议二：让孩子了解男孩女孩的不同

孩子在初次看到异性身体时，很容易被震惊。女孩好奇男孩怎么有"小鸡鸡"，而男孩会怀疑女孩的"小鸡鸡"是不是掉了。孩子看到自己的身体有"缺陷"，心理很容易受到冲击，父母要及时帮助孩子解惑，让孩子心情平和。

小女孩夏米上完厕所，看见同学杨乐在小便，就走过去观看。乐乐一看夏米盯着自己看，赶紧拉好了裤子。

"你的'小鸡鸡'已经长出来了，我的还在里面，相信过段时间它也会长出来。"夏米信誓旦旦地说。

乐乐没理他，自己向门口走去。然后，他停在门口，回头说："你的'小鸡鸡'永远不会长出来了。你们女孩小时候得了病，再也没有'小鸡鸡'了。"

夏米听了非常害怕，哭喊着说："你骗人，你骗人，我的肯定会长出来。"

回到家，妈妈告诉依然很伤心的夏米说："女儿，乐乐说得不对，你小时候没有病。因为你是女孩子，所以不用长'小鸡鸡'。"

夏米不相信妈妈的话。

后来妈妈给夏米找来一些人体画册，跟夏米一起研究。过了一段时间，夏米终于相信了自己没有生病，而是女孩不需要长"小鸡鸡"。

让孩子明白不同性别的不同之处，是认识自我的关键所在。不要让孩子认为自己跟别人不一样，就认为自己有缺陷而自卑。父母一定要帮助孩子弄明白男孩女孩为什么会不一样。

建议三：让孩子明白性别是不会变的

性别对于孩子来说，不是一个清楚明朗的概念。有些孩子不知道自己为什么是男孩，有些也不知道自己为什么是女孩。甚至有些孩子认为性别是可以改变的。孩子有这些想法，是对性别还不够了解。

5岁的岳灵非常漂亮可爱，长长的头发，大大的眼睛非常招人喜欢。有一天，她从幼儿园回来，非要妈妈带着她去剪头发，而且还要剪到很短。

灵灵告诉妈妈，今天在幼儿园，大鹏一直在欺负她，抢她的好吃的，拿她的书包，还跟其他人一起嘲笑她。

灵灵认为自己是个女孩子，力气太小了。所以，她想要剪短头发变成男孩子来揍大鹏。

妈妈听了感觉太有意思了，她不明白灵灵为什么会认为只要把头发剪短了，自己就可以变成男孩子。

"灵灵，妈妈以前就告诉过你。你是一个女孩子，性别是不能改变的。"

灵灵一听就不高兴了："那我就不能揍大鹏了？不要，我要成为男孩子。"

"你可以把老师欺负你的事告诉老师，老师会惩罚他的。你忘记了，只有女孩子才可以穿裙子、留长头发，把自己打扮得很漂亮。你要是变成男孩子就不能做这些了。"

灵灵想了半天，认为妈妈说得对，女孩子好像是不能变成男孩子的。

让孩子对性别有清楚深刻的认识是非常必要的。关于性别，孩子有很多奇奇怪怪的想法，父母要一边教育，一边帮孩子纠正，让孩子清楚认识自己。

我失恋了——正确看待孩子的"恋情"

教子实例

刘弯弯上幼儿园中班，她跟大班的明明哥哥玩得很好。明明哥哥经常跟弯弯一起玩，有好吃的也会第一个想到弯弯。

后来，明明喜欢上了跟男孩子玩打仗游戏，就不再经常跟弯弯玩，弯弯很生气，还跟明明吵架。这么一来明明更不愿意跟弯弯玩了。

过了一段时间，幼儿园又来了一位漂亮的小女孩，明明很喜欢她，主动带着那个女孩玩。这下弯弯真生气了，心里可难受了。

回到家饭也不吃，就跟妈妈哭诉："我失恋了，明明哥哥不喜欢我了，他不跟我玩了。"

妈妈一听，感觉有点不可思议。孩子小小年纪就懂得了"失恋"？妈妈不禁有些担心。

心理分析

孩子四五岁之后，随着性别意识的加深，就进入了"婚姻敏感期"，这是孩子成长需要经历的过程。

孩子平时会从周围听一些"结婚"、"恋爱"的词，慢慢就学会运用了。同时，孩子长期在家庭中度过，所以对家庭婚姻会比较感兴趣，从而想要探索。

在"婚姻敏感期"，孩子对感情的认识还非常朦胧，有时只是简单地喜欢在一起。很可能过段时间又抛之脑后，"喜欢"上别人。父母不要过于担心。

在孩子看来，两个人好就不能再跟别人好。如果其中一个孩子又跟其他孩子走得比较近，剩下的孩子往往会很难过。那种感觉就如同自己的东西被他人抢走了。所以会有"我失恋"的想法。

在"婚姻敏感期",孩子出现"恋情",父母不可以盲目打压孩子,斥责孩子的行为,这样孩子会感觉很伤心。孩子只是在表达自己的喜欢,父母要合理引导,与孩子及时沟通,也许过段时间孩子自己就忘记了。

这段时间是给孩子上感情婚姻课的最好时机,父母虽然不能过分干涉孩子的行为,但也不能置之不理。多跟孩子讲述爱与婚姻的真谛,不要让孩子犯感情上的错误。让孩子明白,等长大了会找到真正喜欢的人,才可以结婚。

如果孩子遇到了"失恋"状况,父母要及时安慰,不要让孩子独自伤心。

给父母的建议

孩子在婚姻敏感期出现的"恋情",跟成年人的并不一样。孩子初次对感情的探视,父母要引导好,让孩子在以后会有健全的感情。

建议一:父母要引导孩子正确的恋爱观

有些孩子,会忽然对父母说"我有老婆了"、"我和某某结婚了",听到这么"震惊"的说法,很多父母会很震惊。其实完全不用大惊小怪,不妨趁机跟孩子多谈谈"恋情"问题,引导孩子正确的恋爱观。

妈妈正在阳台上晾衣服,李宁忽然跑过来跟妈妈宣布:"妈妈,我和佳佳要结婚了。"

妈妈听了很好笑,晾好衣服,就拉着宁宁回屋了。看宁宁兴奋的小脸好像有很多话要说。

"为什么要和佳佳结婚啊,之前你不是说过长大了要娶娜美?"

宁宁不以为意地说:"我才不娶娜美呢?她居然跟别人说我坏话。但佳佳却总记得给我好吃的。"

"嗯,你和佳佳还小呢,现在关系好,但不能结婚,要等你们长大了啊。"妈妈对宁宁说。

"那我们什么时候才能长大啊?"

"嗯,等你们上完大学,还有你是男孩子,佳佳是女孩子,你不可以触摸女孩子的身体知道吗?"

宁宁点头答应,高兴地跑出去玩了。

等过了一段时间,佳佳搬走了,宁宁慢慢地也忘记了。

父母关心认可孩子的"恋情"孩子会很高兴，会很愿意跟父母沟通，听父母的建议。"恋情"没受到父母的打击，反而会自然发展。孩子慢慢就会平稳地度过"婚姻敏感期"。

建议二：不要责备孩子，容易伤害孩子的感情

孩子出现"恋情"，父母很容易将其跟早恋扯在一起，还会过早给孩子灌输一些"道德"、"早恋"的说法。孩子还小，一时根本无法理解，父母不断灌输，只会伤害孩子脆弱的心灵和感情，剥夺了属于孩子的单纯和快乐。

聪明的父母会客观看待孩子成长过程中的情感变化，引导孩子健康成长，保护孩子健全的心智。随着孩子心智的不断发展，当时的一些幼稚行为自然会改正过来。

建议三：让孩子明白"失恋"是种正常行为

孩子与要好的朋友关系变糟了，就容易觉得自己"失恋"了。孩子占有欲很强，一旦朋友忽然不理自己了就会感到很受伤。作为父母要缓解孩子的悲伤情绪，让孩子明白"失恋"是种正常行为，每个人不应该只对一个人好。

于姗从幼儿园回来，就拉着妈妈往门外走。

"姗姗你怎么了，这是要去哪儿啊？"妈妈不解地问姗姗。

"妈妈，我失恋了。"姗姗很生气，"小羽不跟我玩了，我失恋了。我要去她家把我送给她的玩具拿回来。"

"为什么小羽不跟你玩了？"

"小羽嫌我吵，不跟我玩，去找另一个班里的女孩玩了。"姗姗越说越委屈。

"姗姗，小羽是你的朋友，但她也是别人的朋友啊，不能只跟你一个人玩。"

"可小羽说过长大了会和我结婚啊。"姗姗还是认为自己"失恋"了。

"这有什么了不起的，妈妈认为阿冰和睿睿都很好，他们还会跟你玩啊。"

"嗯，那我以后跟睿睿结婚，不理小羽了。"说完，姗姗就不生气了，拉着妈妈往回走。

妈妈让姗姗认识到，"失恋"并不是了不起的事，还会有其他玩伴。如此转移了姗姗的注意力，让姗姗理智地接受了朋友的疏远。

喜欢漂亮女孩——爱美是天性

教子实例

赫赫才5岁，却是活脱脱的一个"小色鬼"，就跟动画片里的蜡笔小新一样，喜欢漂亮女孩子。

每次带着赫赫出门，他总是看街上那些漂亮的阿姨，有时候还会走过去抓别人的手。每次家里来了客人，赫赫都喜欢被漂亮的阿姨抱。有时还亲亲阿姨，甚至在对方胸口上磨蹭好久。弄得大家特别尴尬。

平时在幼儿园里，赫赫也只喜欢跟很漂亮的女孩子玩，摸摸人家，亲亲人家，有时会把小女孩吓哭。更过分的，还会脱小女孩的衣服。

赫赫的特殊举动，让妈妈很担忧，不知该如何教育他。

心理分析

一般的，男孩子在两三岁时，就会明显表现出喜欢与漂亮女孩接触。喜欢亲对方、蹭对方，来满足自己的心理需求。

孩子的性意识一直存在，随着年龄长大会慢慢表现出来，跟漂亮女孩亲近是一种本能行为，父母不要对孩子说教。

很多父母看到孩子做出"不雅"行为，常常会责备孩子，孩子不明所以被骂，心里会很委屈。一种无意识的行为被强化，很容易会让孩子形成习惯动作。反而不利于孩子的健康成长。

爱美之心，人皆有之，孩子也不例外。喜欢美，接近美，是一种自然天性，父母要客观看待孩子的行为。

有些男孩子喜欢跟漂亮女孩一起玩耍，为了表达喜爱之情，会亲亲对方、摸摸对方，甚至因为好奇还会掀女孩的裙子。这么做是不对的，父母要教孩子正确表达对他人的喜欢，不要让对方觉得不快。

孩子爱美是正常的，父母不要过分强调孩子的行为。孩子本来是无意识的，父母反复说教孩子，会强化孩子的意识。孩子会把越来越多的精力花在漂亮女孩身上。

漂亮女孩身上通常都有吸引男孩子的东西，也许是漂亮的衣服、好看的发卡，这并不是"好色"，而是最正常的生理反应。父母要教会孩子如何与漂亮女孩相处。

孩子跟漂亮女孩相处，很容易有一些亲近行为，父母要及时纠正。不要随便给孩子贴上"好色"的标签。

给父母的建议

建议一：正确认识孩子的行为，爱美是人的天性

天下人人都爱美，这是自古以来的道理，父母不要轻易给喜欢漂亮女孩的孩子贴上"好色"标签。

孩子的行为都比较直接，不会有太多想法。性意识一直存在于孩子的脑海里，所以他们看见漂亮的女孩就想要亲近，从而满足一种心理需求，是正常的心理行为。

只要孩子没有太过分的行为，不会伤害到他人，就可以了。

建议二：教会孩子正确表达爱美之心

孩子跟漂亮女孩在一起时，有些会摸对方的脸、亲对方，或者在对方的胸口蹭，这些很容易吓到小朋友或令大人感到尴尬。

因此，父母有必要教会孩子正确表达喜欢之情，可以拉对方的手，冲着对方笑，跟对方和气说话，不一定有过分的亲密行为。

妈妈带着裴贤在广场上看歌舞，很多小朋友在一起玩得很高兴。没一会儿，贤贤就哭着过来找妈妈，脸上还有抓痕。

妈妈赶紧走过去，问贤贤怎么了？

贤贤说允儿抓他。

妈妈带着贤贤去找允儿，看他们为什么吵架。

谁知，允儿也在跟她妈妈诉苦，一边说，还一边哭，说贤贤欺负她。

两个妈妈一头雾水，不明白两个孩子为什么都说被欺负了。

后来贤贤抽泣着告诉妈妈，他喜欢跟漂亮的允儿玩，后来就亲了允儿，还一直拉着允儿的手不放。允儿着急找妈妈，就用手抓了贤贤。

妈妈一听，贤贤的"老毛病"又犯了，一看到好看的小女孩就拉着人家不放。

"贤贤，妈妈不是跟你说过了吗？你想要跟别人玩、拉人家的手，先要问问人家愿意吗，还有，更不能随便亲人家，知道吗？"

贤贤这次"吃了亏"，总算知道妈妈说过的话了。

爱美之心没错，如果伤害到了别人，让他人觉得不舒服就不好了。父母要教会孩子正确表达爱美之心。

建议三：不要过分强化孩子的爱美行为

"我家的孩子喜欢漂亮女孩"、"我家的孩子有点'好色'"。随着孩子慢慢长大，明白了其中的意思，很容易心生自卑。父母完全不能用成人的眼光去看待孩子的爱美行为。

父母明白孩子的行为就好，不要过分强化，随着孩子性别意识的加强，孩子的行为自然会有所改变。

杜秀是个小男孩，他不喜欢跟男孩子一起玩，因为男孩子经常欺负他。之后他就经常跟漂亮女孩在一起。

"你们家秀秀怎么尽往女孩子堆里钻啊。"有人跟秀秀的妈妈开玩笑。

"孩子还小，能知道什么。男孩子老欺负他，所以他不太喜欢跟男孩子玩，长大就会好的。"

妈妈没有刻意强化秀秀只愿意跟女孩子一起玩的行为，而是经常鼓励他也要跟男生玩。后来，秀秀不断长高，力气也大了，不再轻易被人欺负，很自然就融入了男孩子帮里，跟男孩子玩。

孩子喜欢漂亮女孩是有原因的，父母不要干涉或阻止，而要在一旁鼓励孩子，跟不同性别的孩子一起玩。不要叫孩子"小色鬼"，如此，孩子的身心才会更健康。

我就要摸——爱摸"小鸡鸡"

教子实例

杨星4岁了，最近特别喜欢摆弄自己的身体，尤其爱摸"小鸡鸡"。妈妈说了很多次他也不改。

一天星星中午乖乖睡午觉去了，妈妈很高兴，今天星星真听话。

一会儿，妈妈想去看看星星有没有盖好肚子，谁知，妈妈一进门就看见星星满头大汗，妈妈以为他生病了，走过去才发现，星星正在摸自己的"小鸡鸡"。

妈妈气不打一处来，厉声呵斥星星，让他把手拿出来，还说，以后再摸就把他的手割掉。

星星哭着不依不饶，"我就要摸，我就要摸。"

妈妈非常担心，星星小小年纪就这样，难道是孩子早熟？

心理分析

很多幼儿在成长过程中都有出现摸生殖器官的现象，这是一种正常的反应，父母不要过度担忧。

孩子在发育期间，他们会通过不停触摸来认识各种事物，包括自己的身体。孩子对自己的身体非常有兴趣，想通过触摸，了解是什么感觉，什么时候会痒，什么时候会疼等。对孩子来说，揉、挤、摸是一种很有意思的人生体验。他们意识不到这么做有什么不妥。

父母不要斥责孩子随意触摸生殖器官，反而要告诉孩子生殖器官的名字和功能，并教育孩子要爱护，保持清洁卫生。

让孩子知道生殖器官是隐私，不要随便触摸，否则容易得病。父母还要教孩子形成正确的性别意识，让孩子知道男女区别，"小鸡鸡"只是正常的生殖器官。

如果父母看到了孩子玩弄生殖器官，不要大惊小怪，要很自然地转移孩子的注意力，也可以给孩子传授一下基本的生理课。千万不要严厉指责孩子的行为，吓唬孩子。让孩子对生殖器官有健康正面的认识。

有些父母看到孩子摸生殖器官，就会大发雷霆，以为孩子是早熟，会想各种方式改变孩子的不良习惯，怒斥、吓唬孩子。有些孩子会妥协，但心里也会留下阴影，他们会理所当然地认为生殖器官是羞耻的，是不能见人的，会影响孩子以后的幸福。

总之，孩子喜欢触摸生殖器官是一种正常的行为，是孩子认识自我的方式之一。父母要指导孩子正确认识生殖器官，用合适的方法来帮助孩子改掉不良习惯。

给父母的建议

对于爱摸生殖器官的孩子，父母要悉心教导，循循善诱，做出适当的反应。

建议一：让孩子正确认识生殖器官

父母对生殖器官都有客观的认识，但在孩子看来，它或许只是一件好玩的玩具，所以喜欢摆弄。父母要给孩子普及一下生理课，告诉孩子生殖器官的功能，它是隐私，不能随意摆弄。

让孩子明白，摆弄生殖器官是不讲卫生的现象，也不文明。还要教会孩子保持生殖器官的清洁，否则容易患上疾病。

伊聪喜欢摸"小鸡鸡"，还喜欢冲着小狗撒尿。有时也会光着屁股坐在地上玩。

妈妈看到聪聪喜欢玩生殖器官，起初很头疼，但转念一想，孩子还小，还是要好好教一下。

"聪聪，以后不要随意玩小鸡鸡，它是你的隐私，不要随意玩弄。"妈妈把聪聪从地上拉起来。

"为什么啊？我喜欢玩。"聪聪还觉得很有意思。

"你的手那么脏，玩'小鸡鸡'容易感染，会得病的。它是用来尿尿的，不是用来玩的，知道了吗？"

聪聪歪着脑袋不是很明白，但看妈妈说得很严肃，就答应以后不随意玩了。

有些父母喜欢把孩子当做无知的人，所以喜欢训斥他们，责骂他们，但其实不是这样的。只要好好跟孩子讲道理，孩子是可以理解父母用意的。

建议二：父母不要随意玩弄孩子的生殖器官

有时孩子爱摸"小鸡鸡"是周围人培养起来的。孩子小的时候，亲朋好友逗孩子玩时，喜欢拿孩子的"小鸡鸡"开玩笑，久而久之孩子就认为这是一种游戏。长大一点，自己就喜欢玩。

父母要把孩子的生殖器官保护好，不要随意让周围的人逗弄孩子，如此，也可以减少孩子爱摸"小鸡鸡"的习惯。

建议三：孩子玩生殖器官时父母不要吓唬孩子

为了让孩子改掉玩生殖器官的毛病，有些父母就开始吓唬恐吓孩子。

"一会儿小狗就把你的'小鸡鸡'吃掉"、"再摸我就给你剪掉"。受到父母的恐吓吓唬，孩子不再轻易摸生殖器官，但孩子很容易出现另一种极端行为——不在任何人面前脱衣服，谁都不可以。因为他们心理形成了一种惧怕。

妈妈带着5岁的赵虎去医院打针，虎子按照医生的要求把裤子脱了下来，很乖地趴着不动，让医生注射。

虎子打完针之后，进来一位大哭大闹的小朋友。他使劲抓着裤子，就是不让脱。

"快点脱了裤子，不然医生怎么打针啊？"孩子的妈妈劝说孩子。

"我不，我不，你们会剪掉我的'小鸡鸡'。"孩子哭闹不止。

"不会的，不会的。"

"会，会会。你们告诉我，要是再碰'小鸡鸡'就给我剪掉，我不脱裤子。"

虎子跟着妈妈走出医院，他抬头问妈妈："妈妈，我要是摸'小鸡鸡'你会把它剪掉吗？"

"当然不会的。"妈妈赶紧否认，她可不想吓到孩子，"但你不要随便乱摸，手上都是细菌，很容易感染生病的。"

"嗯，我知道了，那我就放心了，妈妈真好。"虎子调皮地笑了。

恐吓吓唬孩子，容易让孩子形成极端性格。孩子惧怕父母的吓唬，自然不会再摸生殖器官。但对生殖器官的错误认识，会让孩子一辈子都有阴影。

建议四：孩子摸生殖器官时，父母可以转移孩子的注意力

有时孩子玩弄生殖器官是种无意识的行为，父母完全可以装做视而不见，然后转移孩子的注意力。

父母可以通过跟孩子玩游戏、讲故事、看电视，将孩子的注意力转移到更有意思的事上，孩子就不会再摸生殖器官了。

父母不要过分紧张，否则更容易强化孩子摸生殖器官的行为。

我们来玩过家家——不必刻意压制

教子实例

高淘跟其他小女孩一样，非常喜欢在家玩"过家家"游戏，经常和小伙伴把家里弄得很乱。

有一天，淘淘从幼儿园回来，高兴地跟妈妈说，她要和俊秀举行婚礼了。

妈妈听了吓了一跳，说了淘淘两句，淘淘却撅着嘴不听妈妈的话，一心想要做漂亮的新娘子。

第二天，妈妈去接淘淘放学时，发现淘淘拉着俊秀在玩，两个人举行了婚礼，还要装模作样地上床，妈妈不禁捏着一把冷汗。

"哇，当新娘子的感觉太好了，新娘子真是太漂亮了。"淘淘欢呼着，笑得非常高兴。妈妈站在一旁都不知道如何是好，她担心淘淘的行为是不是太成人化了？

心理分析

孩子玩"过家家"的游戏，是一种非常常见的模仿行为，在这段"婚姻敏感期"，许多孩子还会玩新娘新郎的游戏。大人不需要大惊小怪，把孩子的行为严重化。

心理学家认为，孩子对成人的世界非常好奇，他们渴望长大，所以才会通过模仿大人的行为来满足自己的心理需求。孩子之间的婚姻游戏，与"性游戏"无关，父母不要错误理解。

孩子在玩"过家家"时，会在里面充当角色，有的孩子喜欢扮演妈妈，有的喜欢扮演医生等，孩子在模仿过程中能锻炼自己的能力，发挥自己的主观能动性，能较早地适应成年人的生活。

父母首先要正确看待孩子的行为，不要粗暴地制止孩子，责骂孩子，如此容易给孩子留下心理阴影，不利于孩子的成长，对孩子产生消极影响。

"过家家"有利于孩子的身心发展，父母不要剥夺孩子的快乐，刻意打压孩子的行为。父母也不能着急纠正孩子的行为，顺其自然，孩子长大了就会好了，自然会把更多精力投放在现实中。

其实，在这段时间，是对孩子进行教育的好时机。父母可以参与其中，对孩子的行为进行指导，帮助孩子更深刻地理解自己在生活中扮演的角色，既增长了知识又锻炼了能力。总之，父母要学会客观看待孩子的"过家家"行为，把握时机，加以引导教育。

给父母的建议

有些父母一看到孩子玩"过家家"，就会感到头疼不已，认为孩子的思维太成人化了，害怕孩子受到不良影响。其实完全不必这么想。

建议一：正确看待孩子喜欢玩"过家家"的行为

一般的3~6岁的孩子都喜欢玩"过家家"游戏，在里面参与各种不同的角色扮演，来满足自己的好奇心。有些孩子还会像模像样地哄着"宝宝"入睡，来扮演好父母的角色。

孩子模仿大人的平时行为，在游戏中可以锻炼自己的观察能力、记忆能力，同时增加知识。"过家家"可以让孩子更好理解自己在生活中所扮演的角色，包括身份和性别。总之，父母要客观看待孩子玩"过家家"的行为。

建议二：父母可以跟孩子一起玩，正确引导孩子

父母不仅不应该阻止孩子玩"过家家"，反而应该适时地参与其中，引导孩子，纠正孩子的错误行为。例如：教会孩子正确使用某些东西、正确看待男孩女孩之间的关系。对一些不健康的游戏或行为要加以阻止。

薛兰带着一些小朋友来家里玩,大家商量了一下,决定玩"过家家"的游戏。一群孩子叽叽喳喳的,开始讨论角色的扮演。

兰兰想要扮演妈妈,青青非要扮演爸爸,多多想要扮演医生⋯⋯

兰兰还拉着妈妈,让她扮演自己的丫鬟。妈妈欣然同意了。

妈妈告诉青青:"你是个女孩,最好不要扮演'爸爸',让钊钊扮演吧。"青青明白了,就不再扮演"爸爸"。

兰兰问妈妈:"宝宝是'妈妈'生的,还是'爸爸'生的?"

妈妈耐心地告诉兰兰:"当然是妈妈生的。男孩和女孩结了婚,女的就成为了'妻子',男的就成为了'丈夫'。之后妻子还会生孩子,就成为了'妈妈'。"

孩子们在一边听得津津有味,在挑选角色时,多了很多想法。

妈妈没有阻止兰兰玩"过家家",而是参与其中,借机完成对兰兰的引导,普及给兰兰性别知识,让孩子对自己和他人的角色理解得更深刻。

建议三:不要着急纠正孩子的行为,顺其自然

孩子在玩"过家家"时,会有很多不可思议的想法,父母一听容易被吓着,就赶紧想要纠正孩子的行为,给孩子讲道理、吓唬孩子等。其实完全不必,对于孩子的一些"过分"行为,不要太在意,顺其自然是最好的。通常孩子长大一些,那些想法就没有了。

王格刚刚3岁,喜欢玩"过家家"。跟邻居家的孟非哥哥玩过之后,就吵着要嫁给他。当时,妈妈感觉小格子小小年纪就有这种想法,真是太不可思议了。

"格格,你还小,怎么能嫁人呢?"

"那就等我长大了,长大了我就嫁给孟非哥哥。"格格还挺倔强。

妈妈还想说什么,爸爸就把她拉到一边说:"孩子的戏言你不必当真,过段时间就好了。"

又过了几个月,格格上了幼儿园,回来又嚷嚷着要嫁给幼儿园里的小胖。这次妈妈有了经验,知道格格肯定又是玩了"过家家"一时兴起,便不再担心,而是笑着说:"好啊,但是一定要等你们长大了啊。"

"那什么时候我就长大了?"

"大学毕业后。"

小格子听了很高兴,声音欢快地说着:"我长大了就能结婚了。"

过了些日子，这件事早就被格格抛之脑后了。

有些事父母越阻止孩子越在意。就如同孩子玩"过家家"，父母不必刻意压制孩子的想法或行为，顺其自然，过段时间孩子自然就忘记了。

爱看大人洗澡——满足好奇心

教子实例

4岁的葛川风最近很喜欢看人洗澡，只要家里有人洗澡，他就会放下手里的东西，"蹬蹬"地跑到浴室观看。

爸爸妈妈洗澡，川风就站在旁边，看得还很认真。爸爸妈妈让他出去，他说什么也不走，有时说得严重，他还会哭闹。

家里来了其他亲戚，川风同样也要看。

有一次，未婚的小姨来家里洗澡，川风忽然就闯了进去，吓了小姨一大跳。妈妈听见声音，赶紧把川风拉走，顿时觉得尴尬极了。

妈妈觉得，川风看爸爸妈妈洗澡也就算了，怎么能看别人呢？这是不是一种很不正常的行为呢？

心理分析

一般的孩子在两岁之后，就开始对人的身体感到好奇，产生各种探索欲望。看大人洗澡就是其中之一。父母有必要满足孩子的好奇心，让孩子对身体结构有客观的认识。如果孩子在小时候这种好奇心没有满足，很容易在心理上有阴影，认为人的身体是羞辱的存在。

孩子对大人的身体好奇、不明白所以才会感兴趣，一旦他们有所了解，这种好新奇自然就会过去，通常不会持续很久。

让孩子认识大人的身体结构通常越早越好，否则孩子长大了就很难再补上这重要的一课。让年龄稍大的孩子看父母洗澡，会显得很尴尬。

父母满足孩子的好奇心，可以防止孩子偷看别人的身体。孩子年龄越小，这个过程越自然。孩子偷看别人裸体，很容易被他人训斥，心里留下阴影。

最好在孩子七岁之前，就满足孩子对大人身体的好奇心。孩子看大人裸体时，父母要尽量表现的很自然，满足孩子的好奇心。如果不让孩子看，反而让孩子心里更惦念、更疑惑。

当然，也并不是鼓励父母在孩子面前肆无忌惮地裸体，这种不文明的行为容易让孩子效仿。在孩子4岁以后，父母就要开始培养孩子的隐私意识。让孩子明白，长大了就不能让异性随便看自己的身体。

总而言之，喜欢看大人洗澡是孩子好奇的缘故，与道德、羞耻没有关联。在孩子4岁之前，跟孩子一起洗澡是种很自然的行为。孩子要想看父母洗澡，不妨让其大方观看。

给父母的建议

随着年龄的增长，孩子对人体的好奇心会慢慢表现出来。尤其是孩子三四岁左右，很喜欢看大人洗澡。面对如此状况，要怎么处理才合适呢？

建议一：正确看待孩子喜欢看父母洗澡的行为

很多父母都会问："孩子喜欢看大人洗澡，这种行为正常吗？"在中国，给孩子上性教育课的现象很少。很多父母都比较传统，不愿意与孩子赤裸相对。在孩子要求看身体时，父母很自然地会拒绝孩子。孩子遭到拒绝，好奇心会更重，

如果孩子在儿童时期，没有被满足看大人身体的好奇心，长大后的心理很可能会发生异常。因此，父母要正确看待孩子喜欢看父母洗澡的行为，这是一种正常的心理需求。

建议二：孩子对身体结构的认识越早越好

孩子在几岁之后就不可以随便看大人洗澡了呢？一般孩子4岁之后，就不再鼓励父母允许孩子看自己洗澡。

让孩子认识身体结构、满足孩子的好奇心越早越好。孩子4岁之后，就需要培养孩子的隐私意识。

同时，孩子越大，父母让孩子看裸体会更尴尬。很多父母会渐渐失去勇气。

孩子小时候没看过父母裸体，之后需要补上这课，孩子的心理才会更健

全。与其后面为难，不如尽早满足孩子的好奇心。

建议三：不要刻意回避孩子的目光，坦然面对

孩子看大人洗澡，大人多少会有些不自然，有时喜欢遮遮掩掩，能不让孩子看就不看。但孩子逆反心理比较强，父母越拒绝，孩子好奇心越重，越认为父母的身体非常神秘，想要一探究竟。

父母不妨坦然地让孩子看，满足了孩子的好奇心，过段时间很自然就忘记了。

鲁皮今年快3岁了，最近他有了新发现——大人们洗澡都不穿衣服。他非常兴奋，只要家里有人洗澡，他就搬着小板凳坐在浴室门口，不允许大家关门。

看到皮皮这么好奇，妈妈下令，家里不论谁洗澡都不可以关门，让皮皮看个够。起初，大家感觉很尴尬，但慢慢也就习惯了。

这段时间，皮皮看过了不同的异性身体，还提了一些问题，爸爸都一一作答。

就这样过了两个月，皮皮再也不看了。

有时妈妈洗澡还问皮皮，搬着板凳过来看吗？

皮皮摇摇头说："没什么好看的了，我要去玩别的。"皮皮的兴趣早已转移到了其他事上。

就这样，孩子顺利度过了喜欢看大人洗澡的时期。

孩子对父母的身体很好奇，但只要被孩子看过了，满足了孩子的好奇心，孩子也就不当回事了。以后就不会因为好奇他人的身体而犯错误，有利于身心健全。

建议四：父母要慢慢帮孩子建立隐私意识

一直让孩子看大人洗澡显然是不科学的做法，在孩子4岁之后，父母就要开始培养孩子的隐私意识了。

景甜今年6岁了，还非要闹着跟爸爸一起洗澡，爸爸要是不依甜甜就哭喊着问为什么，最后爸爸只能妥协。

妈妈很不认同爸爸的做法，告诉爸爸说："不能再让甜甜跟你洗澡了，她都6岁了，该培养她的隐私意识了，不然形成习惯就麻烦了。"

最后夫妻两人达成共识要帮甜甜建立隐私意识。

"甜甜，你长大了，是个小姑娘，不能再让别人轻易看你的身体了。你的身体是你的隐私。"

"谁都不可以看吗？"甜甜不解地问妈妈。

"男生不可以，当然，你也不可以看男生。因为男生跟女生的身体是不一样的，长大后都是隐私，不能随便给异性看。"

甜甜听得似懂非懂。

之后甜甜洗澡妈妈会给她关好浴室的门，上厕所也会关好厕所的门。渐渐地，甜甜也有了隐私意识，不再随便看别人的身体，再也不跟爸爸洗澡了。

孩子的隐私意识需要慢慢建立，让孩子养成文明礼貌的好习惯。父母要从生活中的小事做起，用言行举止影响孩子。

男孩过分阴柔不好——培养阳刚之气

教子实例

李航3岁半了，之前一直跟着奶奶生活，最近妈妈把他接回来，准备送他上幼儿园。很快，妈妈就发现，李航非常胆小，做事说话扭扭捏捏，大人稍微责备就开始大哭不止。

李航喜欢跟邻居家的小女孩们玩，人家穿裙子，他也非要穿。还乐此不疲地跟着其他小女孩玩"过家家"，要不就抱着洋娃娃玩。对男孩子喜欢的刀枪玩具一点也不感兴趣。

有一次，一个很厉害的女孩打李航，李航也不反抗，只是抱着胳膊蹲在角落里挨打。之后，依然跟着小女孩玩。

妈妈非常奇怪，李航为什么一点也不像男孩子呢？一点阳刚之气也没有。

心理分析

生活中有很多这样的例子，男孩缺少阳刚之气，女孩缺少阴柔之美，出现了性角色偏差。这往往是因为早期的性角色教育和培养出了问题。

现在孩子大都是独生子女，父母通常都很溺爱，过度保护孩子，为孩子做这做那。有时只抓孩子的智力，不管其他，很容易造成孩子性格上的缺陷。

一般的，父母的性格对孩子性格的塑造形成有重要影响。家庭中母强父弱，孩子的性格往往就比较"娘"，因此在生活中父母要有角色意识。

性认同是孩子对性角色的自我体验，一般3岁左右就要开始培养孩子的性意识。等孩子差不多到了5岁，就开始以自己的性别角色去适应社会。这时，是培养男孩阳刚之气的关键时期。

要从小让孩子知道，男孩女孩是不同的，及时强化孩子的性别意识。男孩一般都爱动好斗，女孩沉静温和。在教育孩子时，要顾虑孩子的性别，切不可一味把孩子塑造成"乖乖仔"的样子。如此，男孩很容易失去阳刚之气。

在教育孩子的淘气行为时，不要总给孩子设很多限制，不许孩子做这个，不许碰那个。过多地限制孩子，会影响孩子的独立性，非常不利于孩子的成长发展。有时是父母的明令禁止，束缚了孩子的发展，让孩子失去了锻炼阳刚之气的机会。

拥有符合自己性别的性格，孩子的身心发展才会更健康，才能获得更好的成长机会。

给父母的建议

如果不想自己的孩子太过怯弱、没有阳刚之气，父母在平时教育孩子时要多多留心，帮孩子建立健全的人格特征。

建议一：要强化孩子的性别意识

孩子在3岁左右就已经有了性别意识，但父母还要帮助孩子强化，以便孩子用正确的性别角色去适应社会。

从小就让孩子明白男孩跟女孩不同，男孩要有勇敢、坚强、责任心、保护弱者等意识，不要过于娇弱、唯唯诺诺。

多强化孩子的性别意识，久而久之这些就会深刻存在于孩子心里，慢慢转化成实际行动。

才哲是幼儿园里出了名的小小"男子汉"，他虽然长得强壮有力，但却从来不欺负其他小朋友，更不欺负小女生。

有时候，有小女孩需要才哲搬玩具，才哲都会笑嘻嘻地照做，还说："你们女生就是力气小，以后要搬东西，尽管来找我吧。"

就这样，很多小女孩背地里都叫才哲"小王子"。

这些，都得益于才哲妈妈平时对才哲的教导。

妈妈经常告诉才哲要"谦让、要勇敢、要帮助弱小"，"男孩子是小小'男子汉'，不能怕吃苦"。才哲虽然小，但被妈妈教育多了，心里当然也记下了几分。

父母不要认为孩子年纪小，就不去强化孩子的性格特征，要经常强化性别意识，孩子才能落实到行动上。

建议二：要做有阳刚之气的好父母

家庭环境对孩子性格的形成塑造至关重要，要是父母性格过于懦弱，就不容易培养孩子的阳刚之气。

所以父母要做好有阳刚之气的榜样，同时多多参与孩子平时的家庭教育活动。孩子有问题时，父母要把自己的阳刚之气和思维方式都传递给孩子。

父母不要因为平时工作忙，就忽略了教育孩子，在孩子性格形成的关键时期，父母的亲身教育很重要。

建议三：不要随便抑制孩子的行为举止

孩子小时候喜欢动，喜欢淘气，男孩更甚。有时男孩因为多动、淘气闯了祸，父母会大加斥责，并严重警告孩子不能再犯。父母一味用强，孩子的天性会变得压抑，孩子会变得不阳刚。

父母可以教育孩子，但不能随便按照自己的喜好抑制孩子的行为举止，要让孩子的本性得以顺利发展。

幼儿园还没有放学，李安邦就拿着一根棍子垂头丧气地回来了。妈妈看见了，心里一紧，暗暗猜测，安邦是不是闯祸了？

果然，妈妈还没来得及问，平平的妈妈就带着平平找来了。平平妈妈把平平拉到安邦妈妈身边，托起平平的胳膊，指着上面的一条血痕说："你们家安邦可真厉害，就这么给了我家平平一下子，你看看该怎么办吧。"

妈妈赶紧跟平平妈妈道了歉，并保证会惩罚安邦，平平妈妈这才带着平平离开了。

"你为什么用棍子打平平？"妈妈很生气，安邦又闯祸了。

"平平老欺负我后面的小朋友，还把他的书撕了，我才揍他的。"安邦也很委屈。

"你可以帮助同学不被欺负，证明你有一颗英雄心，但你的方式却不对，你不能随便打人。以后再遇到这种事你要告诉老师，让老师来处理。"

安邦点头答应了。

如果安邦的妈妈不管三七二十一，就把安邦打骂一顿，让他长记性。安邦或许之后就不会再打架了，但也不会再轻易表现出仗义的一面。

所以，妈妈才采取温和的方式教育安邦，承认他帮助弱小是好的，只是方法不对。这么做相信小安邦之后再帮助其他同学时，会采取正确的方式，同时也不会失去阳刚男孩应有的正义之气。

第 08 章

经常关注孩子的情绪——
让孩子拥有健康的心理

真烦，真烦——孩子的烦心事

教子实例

妈妈带着6岁的穆圆圆在一家餐厅吃饭，圆圆因为不想回去弹钢琴而心烦，所以吃得很慢。妈妈有些着急，在一旁催促说："你倒是吃快一点啊，你回去还要练琴呢！"

圆圆一听就不高兴了，生气地说："妈妈，你还让不让我吃饭了，还嫌我不够烦吗？"

"你小小年纪哪里来的脾气啊？"妈妈以为圆圆又在找借口不练琴，"我和你爸爸辛苦赚钱就是为了让你过得好点，你怎么能不练琴啊？"

"要练你去练吧，我今天就不练，我心烦。"说完圆圆就把手里的面包扔在桌子上跑出去了。妈妈愣了半天，才回过神来，赶紧追了出去。

心理分析

在父母眼里，孩子是不应该有烦心事的。他们应该每天都乐呵呵的，无忧无虑地生活。但是，随着孩子不断接受新事物，他们也会遇到挫折，也会感觉自卑和愤怒，也会有情绪不好的时候，父母要多关心一下孩子的心理问题。

很多时候，父母听到孩子说"我很烦"，根本就不当回事，甚至还会把孩子的话给挡回去，认为孩子是在胡说。如此，孩子的烦心事就无法脱口了，孩子会感觉很委屈。

有关调查显示96%的孩子都有成长中的烦恼，但80%的孩子都没有跟父母交流过，绝大多数是害怕遭到父母的斥责，父母不相信孩子小小年纪就有烦心事。从这个结果中，我们不难看出，孩子与父母之间出现了沟通阻碍，父母对孩子的情感世界关心不够。

当孩子跟父母交流时，父母不妨听听孩子是因为何事而烦心，然后及时帮助孩子疏散坏情绪，让孩子快乐起来。

有些事在父母眼里是不值得一提的，但有时在孩子看来却是天大的烦心事，父母要慢慢教会孩子该如何处理不良情绪。让孩子在以后能对类似的事应付自如，懂得控制情绪。

孩子在遇到烦心事时，非常渴望得到父母的指导，父母不要不当回事，草草敷衍过去就算了。而是要耐心认真地倾听，并帮助孩子排忧解难。

只有父母重视孩子的烦心事，帮助孩子解决，孩子在以后的成长中才会能力更强，身心更健康。

给父母的建议

孩子有烦心事并不是奇怪的事，父母不要大惊小怪。不妨趁机认真听听孩子的心声。

建议一：父母要理解孩子的烦心事

很多人都有这样的问题，"现在的孩子是怎么了？"有时总是一副心事重重的样子，有时又不愿意与父母及时沟通。这些都是因为父母对孩子的情感不够重视，不愿花时间来倾听孩子的烦心事。

孩子的烦恼来自很多方面，包括父母、老师、同学等，一些小事也能让缺少经验的孩子感到烦心，父母要给予充分理解。

如果父母不重视，不理解孩子的烦心事，问题很容易成为孩子心头甩不掉的烦恼。"我烦"很可能会成为孩子的口头禅。所以，父母要理解孩子的烦心事。

苏珊从幼儿园回来，就闷闷不乐的，妈妈叫她吃饭也不理。爸爸妈妈面面相觑。

"珊珊，你怎么不吃饭啊？"妈妈哄珊珊。

"我很烦，妈妈别跟我说话了。"

妈妈还想说什么，被爸爸拦住了。

"孩子现在不想说话，我们出去吧。"爸爸妈妈没有再烦苏珊，而是去邻居家问了苏珊的同学。

原来有一个叫做牛牛的男生，嘲笑苏珊是个小胖子，苏珊才烦心的。

爸爸妈妈理解了苏珊的心情，没有再去打扰她，让她自己安静地呆了一会儿。

孩子接触社会，难免会碰壁，会感到烦躁，父母要多一些尊重和理解。孩子心烦时，要给孩子足够的独处时间，让孩子平复心情。

建议二：教会孩子克服烦乱的情绪

心情不好不可怕，只要教会孩子控制就好了。当孩子烦心时，可以有很多办法让孩子走出阴霾的心情。父母可以根据孩子的性格特征，让孩子学会克服不良情绪。

有些孩子将烦心事告诉父母心里就舒服了；有的孩子在空旷的场所大喊几声就没事了；有的孩子转移注意力玩一会儿也就忘了烦恼。父母可以针对孩子的性格，采取不同的方式。只要孩子能克服烦乱情绪就好。

建议三：及时抚慰孩子"受伤"的心

孩子的思维有局限性，有时想法会显得比较极端，烦心事堵在心口，非常难受。如果没有父母的及时指导和安慰，孩子"受伤"的心会很难受。在孩子感到心烦的时候，父母一定要及时安慰，帮助孩子疏通心灵。

邓超从幼儿园回来写作业，一边写，一边叹气，嘴里还嘟嘟囔囔地说烦死了。没一会儿他就把书合上再也不写了。

"你怎么了啊？看你烦得根本就写不进去作业。"妈妈放下手里的活儿问超超。

"妈妈，现在我都烦死了，根本就写不下去。你不知道，我今天可冤枉了。"超超越说越激动，"我今天在学校里把窗户擦得干干净净，老师都没表扬我。而我踢球时一不小心把玻璃给打坏了，老师居然狠狠地批评了我。"

"你能擦玻璃证明你是一个勤劳的好孩子，你以后坚持下去，老师一定可以看到你的勤劳。"妈妈明白了怎么回事，开始疏导孩子的烦恼，"至于你踢坏了玻璃，老师批评你是为了你好，你想，玻璃碎了该多危险啊？"

超超想了想，是这么回事，立刻就笑了起来，再也不说烦了。

孩子的心理就是这样，无缘无故会因为一件小事而心烦，也会因为父母的几句开导而豁然开朗，将烦心事全部忘记。父母要做好孩子的领路人，及时为孩子排除烦恼，抚慰孩子的心灵。

一脚踢开房门——突然发怒的孩子

教子实例

丁宁是个胖胖的3岁小男孩，虽然年纪小，但脾气却很大，让父母很头疼。

丁宁发怒时完全没有预兆，因为一丁点小事他也可以大发雷霆，甚至大吼大叫、在地上打滚。

有一天中午，妈妈正在睡午觉，丁宁坐在地板上玩玩具。忽然，丁宁一脚踢开了妈妈屋里的房门，哇哇乱叫着进来，又哭又闹，看起来生气极了。

"你这是又怎么了？"妈妈头疼地看着丁宁。

"那个瓶子是个大坏蛋，我想喝水，却怎么也拧不开。"说完丁宁就开始在地上吼叫着打滚。

这种事，妈妈经历多了，稍微有点不如意，他就能闹腾起来。一时没办法的妈妈，真想带着丁宁去看心理医生。

心理分析

从心理学的角度来看，乱发脾气是孩子意志薄弱、自制能力差的表现，他们做事只随着自己的性子，不会自我控制，于己于人都是很不利的。

通常孩子在3岁之后，独立性和自我意识会不断加强，很多事情都想自己动手完成。但由于自身能力不足，再加上思维上的刻板性，孩子做不好很容易会发怒，这个年龄段的孩子看起来非常不好管。

造成孩子易怒乱发脾气的原因有很多，一些孩子是因为父母的溺爱造成的。父母对孩子的要求有求必应，一旦有时满足不了孩子的要求，孩子就会通过发怒来让父母妥协。如此恶性循环下去，孩子的坏脾气会越来越严重。

如果孩子的坏脾气得不到及时纠正，慢慢养成习惯，长大后就很难再改正，对自身的健康成长、沟通交流都有害无益。

面对易发怒的孩子，很多父母首先考虑的是让孩子尽快安静下来，威慑、诱哄这些手段都是治标不治本，很难起到实质性的作用。父母要寻找积极有用的方式，帮助孩子控制和引导不良情绪。

父母不要看孩子发怒了，就气不打一处来，对孩子疾言厉色，或者责骂惩罚，父母的行为很容易让孩子效仿，不但不能纠正孩子的发怒行为，还会强化这种意识。

父母要教会孩子用正确的方式来表达自己的意愿，可以跟父母好好沟通，没必要通过发怒来让父母妥协。

给父母的建议

孩子又发怒了，父母该如何引导教育呢？不妨看一下以下几条建议，来缓解、消除孩子的不良情绪。

建议一：父母要了解孩子突然发怒的原因

孩子突然发怒的原因有很多，父母要在第一时间问清原因，看看孩子是否生病了，或者是否受到了伤害？

如果孩子真受到了伤害，他会希望父母及时陪在身边，给他安慰，帮助解决问题。让孩子离开生气的环境，帮助孩子排解心中的怒气，再采取合理的解决措施，孩子就不会再发怒了。

建议二：孩子突然发怒时不要以暴制暴

孩子发怒，有些父母认为孩子太难管了。妈妈在哄不好孩子时，就把孩子推给爸爸来管。爸爸用粗暴的方式让孩子停止发怒。在这种暴力震慑下，孩子很可能会妥协，但也会认为以暴制暴、乱发怒是很正常的行为。

当孩子长大，有了与父母反抗的能力，他的发怒行为就更难改正。

孩子发怒时，不妨给孩子一个温暖的拥抱，用爱来感化孩子，让孩子寻找一种亲切的安全感，孩子的怒气就可以消除一些。

建议三：把孩子从发怒的"牛角尖"里拉出来

孩子虽然小，但也有各种各样的情绪需要表达。有些孩子生气了、不高兴了，只会用愤怒的方式来表达，不晓得怎样跟父母沟通，孩子就这样陷入了发怒的"牛角尖"里面。白白生了气，还不能解决问题。

父母可以教给孩子正确的表达方式，帮孩子改掉乱发怒的坏习惯。

很晚了，爸爸妈妈在看电视，叶安安忽然吵着要吃糖。爸爸妈妈告诉他，现在天晚了，已经没有卖的了。

安安才不管这些，忽然就发怒了，嘴里喊着"我就要吃，我就要吃"，还把手里的东西狠狠地扔了出去。

爸爸妈妈相互看了一些，决定不阻止安安。安安更加努力"表演"，还在地上打滚。

那天，安安连续"表演"了三遍都没得到爸爸妈妈的妥协，最后累了，自然就不闹了。

"爸爸，妈妈，我在生气你们怎么能不管我啊？"

"爸爸，妈妈是想告诉你，遇到事情，生气是没有用的，你要好好想办法解决。"爸爸教育他。

"爸爸，可我就是想吃糖啊。"

"现在附近的超市都关门了，买不到啊。爸爸明天买给你。"

冷静下来的安安想了想是这么回事，就回屋睡觉了。以后，很少再利用发怒来表达自己。

建议四：帮孩子寻找合适的"出气筒"

有的孩子脾气非常大，他们忽然发怒了要是不及时发泄出来，怎么也不会收手。发怒的孩子有时会就地打滚，有时会砸东西，或者大喊大叫，这些都是很不好的行为。父母不妨给孩子找个"出气筒"，让孩子撒完气也就没事了。

孔团团是个小"二愣子"，有时吃着饭，一不高兴，就把手里的碗给摔了。父母非常头疼。

有一天，爸爸下班回来了，手里拿着一个大大的充气玩具，很好看。

团团跑过去说："爸爸，这个玩具好大啊，是给我的吗？"

"嗯，是。"爸爸把充气玩具塞到团团手里，"以后你要是生气了，不要再摔碗，打这个出气就行。"

团团答应了。

那个充气玩具怎么也打不坏，也不会伤害到团团。渐渐地，团团的发怒习惯得到了改善。

让孩子规规矩矩的，跟大人一样，有时候很为难他们。适当地让孩子发泄怒气是必要的，父母要帮助孩子寻找合适的"出气筒"。

我最厉害——孩子的骄傲心理

教子实例

李琳琳是班上最聪明的孩子，她能很快学会老师在黑板上写的汉字，很快学会老师教的数字，在唱歌和跳舞方面也非常优秀。

有一次，幼儿园要举行跳舞比赛，琳琳也报名参加了。妈妈接她放学时，琳琳把这个消息告诉了妈妈。

妈妈高兴地说："这真是个好消息，回去后妈妈和你一起练习几遍舞蹈动作，你看好不好？"

琳琳摇摇头，骄傲地说："不用了，我是幼儿园最厉害的小朋友，不用练习了，第一名肯定是我的。"

妈妈看着越来越骄傲的琳琳，一时间不知道说什么好。

心理分析

自信是好事，但是当自信变成了一种骄傲，就是坏事了。骄傲是影响孩子更上一层楼的大敌。

孩子有了骄傲的情绪之后，就会变得有一些目空一切，在偶尔遇到了挫折之后，情绪又会很快地低落下来。不能很快地恢复自己的情绪，情况严重的甚至会发展为自卑。

这是因为骄傲的孩子对自己的期许都很高，不能够容忍自己的失败，在失败时也会觉得更丢脸。

父母会发现骄傲的孩子也不乐于接受别人的意见，尤其是不好的意见。往往是表现得过于自信，看不起别人，而且虚荣心也会很重。在比赛中总是想要占上风，不能忍受自己的失败。如果失败了，年幼的孩子会大哭大闹。

究其原因，孩子骄傲还是不能够正确客观地认识自己，评价自己，对自己的估价过高。

父母平时对孩子不合实情的赞扬和表扬，也是导致孩子骄傲的一个很重要的原因。平时孩子总是听到对自己的表扬和夸奖，渐渐自己也分不清哪些评价是真实的，哪些是虚高的，这样一来，骄傲的情绪就生成了。

孩子有了骄傲的情绪之后，容易变得心胸狭窄，意志薄弱，不能够适应复杂的情况变化，也不利于孩子与他人之间友好的人际交往和沟通。

而且骄傲的孩子大多能力是较强的。这就要父母小心地来处理孩子的骄傲情绪，不要损伤孩子一些积极健康的情绪。

平时父母也不能把目光总是盯在孩子的优点上，对于孩子的缺点比较漠视。比如说，孩子成绩好了，那其他的缺点都成了优点了，让孩子也不太在意自己的缺点，最后当这些缺点害了孩子的时候，就悔之晚矣。

给父母的建议

骄兵必败，是一句古语。许多能力很强大的人败了下来，很重要的一个原因，就是骄傲轻敌。父母可以采用下面的一些方法，来引导孩子走出骄傲情绪的影响。

建议一：不夸大地表扬孩子

正确地表扬，是不会使孩子骄傲自满的。而父母无原则地夸大其词地表扬孩子，则会让孩子对自己产生错觉，对自己的评价就会偏高了。

章原原很聪明，每次和小朋友一起玩游戏时，总是能赢。妈妈觉得原原很聪明，逢人就向别人夸赞。渐渐地原原有了骄傲情绪，觉得自己确实很厉害。

后来，妈妈发现，当原原有了骄傲情绪后，变得不再喜欢和其他小朋友玩了，并且更加看重成败。

妈妈立刻改变了自己的态度，不再夸大地表扬原原，原原也慢慢地恢复了以往的状态。

孩子身上的一切东西，其实都是刚处于一个生成阶段。如果父母过于关注孩子的优点和缺点，对孩子的成长都是不利的。父母喜欢夸大孩子的优点，这是导致孩子骄傲的一个很重要的原因。

建议二：提高对孩子的要求标准

当父母发现自己的孩子，有了骄傲的情绪之后，可以提高对孩子的要求标准。让孩子明白，只有在自己能够做到那个标准之后，才能得到父母的认可。

小敏平时在培训舞蹈，所以上舞蹈课时就表现得很出色。老师也总是夸奖她跳得最好，让其他小朋友向她学习。小敏渐渐地变得骄傲了。

在上课时，老师只要一说她的动作做得不好，她的眼圈立刻就红了。为此，妈妈便在以后的培训中，对小敏提高了训练的要求。别人做得好的，她要做得更好，更标准。小敏为了自己做得更好，也就练习得更加努力了。

这会给孩子一个无形的压力，也会让孩子去向更高标准、更好的目标努力。当然目标不要过高，这样会让孩子因为达不到要求而伤了自尊。父母要谨慎地来对待孩子的骄傲情绪。对孩子进行一些适时而慎重的表扬。

建议三：让孩子接受挫折教育

适当地对孩子进行挫折教育，可以减弱孩子的骄傲情绪。父母在发现自己的孩子有了骄傲的情绪之后，可以人为地给孩子设置一些一定限度的挫折。

这些挫折的目的，不是去打击孩子，而是要让孩子能够正确地认识自己的能力，排除骄傲和急躁的情绪，让孩子能够取得更大的进步。骄傲的孩子一般是能力较强的，自认为聪明就会去找捷径，而避开了一些有意义的锻炼机会，不能客观地评价自己的能力。

建议四：关注孩子的缺点

父母对于骄傲的孩子，不能因为孩子在某些方面能力过人，就不去计较孩子的缺点了。

对于孩子的骄傲、任性、没有礼貌、挑食等毛病，都不要去迁就，而要在适当的时候给孩子指出来。让孩子能够明白，自己在哪些方面还有不足，需要改进。

建议五：不以成绩评价孩子

中国父母喜欢用成绩的好坏来评价孩子，这容易让孩子在学习成绩名列前茅之后觉得自己是最棒的，最了不起的。

如此一来，太多的好学生因为成绩优秀养成了骄傲的习性。骄傲是最能够伤害能力较强的人的毒药。要想孩子能够长久地进步，就不要让孩子养成骄傲的坏习惯。

我不会，我很笨——化解悲观情绪

教子实例

李娜是个孤儿，被现在的父母领养后，一直闷闷不乐。尽管父母都很努力地为她创造良好的环境，不断夸奖她，可她还是很悲观。

有一次，妈妈和李娜一起去公园玩。看到很多小朋友都在滑滑梯，妈妈就鼓励她也去试试。

可是李娜却说："我不会，我去了别人会欺负我，可能会从滑滑梯上摔下来，我害怕，我不敢。"

妈妈知道，一定是孤儿院的经历让李娜对一切都感觉悲观，这种情绪严重影响了现在的生活。妈妈想帮助李娜，却不知道从何处入手。

心理分析

有专家指出，导致孩子产生悲观情绪的原因有很多，包括孩子的心理成长过程中出现的困惑以及周围环境的变化。

孩子一天天成长着，外界有很多的事情让他感觉疑惑。有时，有的孩子对自己要求比较高，要求自己做好所有的事情，所以很难容忍自己失败。当他遇到挫折时，就会感到沮丧。这种挫折带来的悲观情绪，又会渗透到生活的其他方面，造成更大的困扰。

此外，由于孩子思维的片面性、偏激性，看待事物和处理事情往往考虑不周全，只注意到事物的一个方面，很容易走进死胡同，陷入悲观的情绪当中。

这种由于成长带来的心理变化是每个孩子都会经历的。随着年龄的增长和自己见识的增多，孩子们会慢慢走出这种情绪。如果父母能在此刻及时发现孩子心理的这些变化，与他们沟通交流，无疑能对孩子顺利走出心理困惑起到巨大的作用。

另一种情况是孩子周围学习或生活环境的变化，容易让原本活泼开朗热情的孩子突然不爱说话，性情冷漠，变得悲观。这种变化可能来自家庭、学校或者社会的其他方面，如老师的批评，亲人的变故等都会对孩子的心理产生巨大的影响。尤其是来自家庭的变故对孩子的影响无疑是最大的。

当家庭遇到突如其来的变故时，父母首先应该保持乐观积极的态度，并且及时和孩子沟通交流彼此心里的感受，以自己的言行来积极鼓励孩子勇敢地面对和接受。

孩子在成长过程中就像在原始森林中探险，迷雾缭绕，他们有时会看不清前面的方向，他们还可能随时遇到潜伏在森林里凶恶的豺狼虎豹，还有许多意想不到的艰辛和困难。

但是不管生活发生什么变化，不管他们遇到什么困难，不管他们的生活和学习有多么不顺利，也不管前面是豺狼还是虎豹，明天会刮风还是下雨，父母都要鼓励孩子勇敢地去面对，用积极乐观的心态去迎接挑战。

给父母的建议

建议一：教导孩子正确归因

有心理学家曾说，其实有时候影响我们的并非事情本身，而是我们对事情的归因。让孩子感到悲观的，并不总是糟糕的事情，而常常是孩子对它的消极的认识，即不恰当的归因造成的。

因此当孩子情绪低落、悲观的时候，父母需要冷静、理智地帮助孩子分析他们对事情的归因是否正确，以及他们看事情的角度是否全面准确。

在孩子产生一些消极、悲观的想法和观念之前，就要提醒他们思考一下自己的这些想法是否正确、全面。如果能帮助孩子主动地调整消极和悲观的看法和态度，纠正认识上的偏差，用理智控制消极情绪，就可以使悲观情绪减弱，最终消除。

建议二：教导孩子转移调节

转移调节就是根据自己的性格和兴趣爱好，有意识地把自己已有的消极情绪转移到其他事情上，使消极情绪得以缓解。

当孩子心情低落、情绪悲观的时候，父母可以寻找一些令孩子开心或是振奋的事情。

例如和同学讲讲笑话、打打球，或是带孩子出去踏青等，让愉快的活动占据孩子的时间，让时间的推移来逐步消除他们心里的积郁，用积极的情绪体验来克制和替代消极、悲观的情绪体验。

当孩子情绪悲观时，父母要提醒孩子千万不要一个人闷在自己的世界中，以致陷入死胡同中不能自拔。

建议三：教导孩子适当宣泄

台湾作家罗兰在《罗兰小语》中有言："情绪的波动对有些人可以发挥积极的作用。那是由于他们会在适当的时候发泄，也会在适当的时候控制，不使它们泛滥而淹没了别人，也不任它们淤塞而使自己崩溃。"由这句话，可以看出适当宣泄情绪的积极作用。

根据每个人的特点和爱好，可以采取不同的情绪宣泄方法，比如倾诉、哭泣、高喊、运动等。适度的宣泄可以把不愉快的情绪释放出来，使心情回归平静。

当孩子心中有烦恼和忧愁时，父母不仅要及时察觉，而且要鼓励、引导孩子向老师、同学及其他亲人诉说。父母也可以支持他们用写日记的方式进行倾诉。

情绪低落时，可以任由他们大哭一场。当孩子什么事情也不想做的时候，可以鼓励他们适当地运动，使自己精神振奋。但是，当孩子在宣泄自己情绪的同时，父母应该提醒他们要注意时间和场合，不要伤害到别人和自己。

建议四：对孩子进行积极暗示

暗示是指通过语言的刺激来纠正或改变人们的某种行为状态或情绪状态。父母可以通过自己的积极暗示来减少或消除孩子的悲观情绪。

比如说，当他们情绪低落、悲观的时候，父母告诉他们："过去的已经成为过去了，积极地面对今天吧！"

父母不仅要时时给予孩子积极的心理暗示，更要鼓励孩子时刻给自己积极的心理暗示，当悲观情绪再一次来临时，让他们对自己说："我要乐观地面对今天！"

积极的心理暗示如一缕春风，它们会悄然地改变孩子的心境，为他们的心理迎来新的春天。

做不好怎么办——孩子的焦虑心理

教子实例

李彤的父母都是大学教授，从小就对她要求特别高。现在，李彤上了幼儿园，虽然老师夸奖她非常优秀，可她还是很没有自信。

这天，老师告诉李彤，下周一要带李彤和其他几个小朋友一起去参加市里的绘画比赛。李彤很兴奋，可同时她又感觉很焦虑。

回到家后，李彤把这件事告诉了妈妈，还不停地自言自语："怎么办呢？怎么办呢？要是画不好，怎么办？"

妈妈听了很心烦，严厉地批评李彤："这么点小事，值得你这么担心吗？你也太不争气了！"

听妈妈这么一说，李彤更加不安了。

心理分析

焦虑在孩子身上主要表现为对外界细微的变化过于敏感、烦躁不安、担心害怕、感情脆弱、心理素质差等。

焦虑是人的一种正常的精神状态，对于孩子也是一样。适度的焦虑能促进孩子各种潜能的发挥，使孩子在各方面取得不错的成绩，而过度的焦虑就会让孩子心理承受过大的压力而阻碍孩子的身心发展。

适度的焦虑多数时候有着积极的意义，对于孩子身心发展是大有好处的，孩子会因为焦虑而努力学习，这种焦虑就是健康的焦虑。

过分的焦虑就会产生消极作用。一旦发现孩子的积极焦虑变为消极焦虑时，父母就要对孩子的焦虑及时做出处理，帮助孩子树立健康的心态。

当孩子处于一种不能提前预知事情发展态势的情形中时就会焦虑，他们虽然具有独立的思维模式，但是因为经历少，害怕遭遇到挫折和困难时缺少解决问题的方法，焦虑就会顺势而生了。

如果孩子因为焦虑导致行为障碍，不能集中精力去做一件事情，就说明孩子已经焦虑过度了，父母要对此给予足够的重视。

导致孩子产生焦虑情绪的原因有很多，诸如：父母本身就有焦虑症，无形之中把焦虑传达给了孩子；父母对孩子的期望值过高，孩子怕达不到父母的要求心理有压力；孩子自己对自己要求过于苛刻；经常受到老师、父母的责备，觉得自己什么都做不好。

父母要尽量分析孩子焦虑的原因，对症下药。

给父母的建议

焦虑会伤害孩子的身心健康，导致心理疾病的产生，如果发现孩子存在焦虑情绪，就要认真观察分析，用合适的方式帮孩子度过焦虑。

建议一：教会孩子学会转移内心的压力

现在的孩子面临的压力已经很大，如果父母再用较高的期望值来给孩子施压，那么孩子就更容易焦虑了。

父母要让孩子知道焦虑并不能解决任何问题，只有相信自己，学会调节自己的心情，学会转移自己内心的压力，才能放松、缓解紧张引起的焦虑。

后天就要参加儿童节表演了，宋伟特别紧张。因为这次表演，全幼儿园的小朋友都会来观看。想到这，宋伟就更加焦躁不安了。

妈妈发现了这点，就给他做了最喜欢吃的菜，还带他去动物园玩，并且为他买了他最喜欢的玩具，缓解心理压力。

果然，在轻松的氛围中宋伟的心态平和了许多。

父母不要给孩子施加太多的压力，而是教给孩子以轻松的心态来应对各类挑战，积极培养孩子健康的心理，一旦发现孩子有很大的压力可以让孩子去做自己喜欢做的事情，教孩子学会转移自己内心的压力，减少焦虑的情绪。

建议二：多看优点，增加孩子的自信心

孩子焦虑的一个重要原因就是忽视自己的优点，只看到自己的缺点，对自己信心不足，结果导致焦虑。

父母要帮助孩子认清自己，形成正确的自我评价，并且要重点关注孩子的优点，让孩子在优点中培植自己的自信。

明天轮到马飞给幼儿园小朋友讲故事，这是他第一次在这么多人面前说话。晚上，马飞翻来覆去就是睡不着觉，觉得自己讲不好。

妈妈说："飞飞，你不要想太多，你要看到自己在讲故事方面的优势啊。你平时说话很流利，也很有感情，不用怀疑自己。"

马飞听了，焦虑的心情明显地变轻松了。

父母在平时的教育中，就要放大孩子的优点，让孩子充满自信。只有充满自信，才会防止焦虑情绪的蔓延。看到自己的优点，就会让孩子觉得自己可以控制各类挑战，就不会感到焦虑了。

建议三：给孩子制定合理的目标

目标过高，孩子害怕完成不了而产生焦虑；目标过低，孩子得不到成就感而焦虑。这些都阻碍孩子的身心发展，因此，父母要帮助孩子制定合理的目标，让孩子远离焦虑。

6岁的李青开始弹钢琴，并且弹得不错。听说了钢琴神童的故事后，李青告诉妈妈，她也要好好练习，成为神童。

可是有了这个想法后，李青在家练习钢琴的时候老是出错，一出错就发脾气，焦躁不安。妈妈觉得李青的目标定得太高，就帮她制定了合理目标，李青又恢复了健康。

父母对孩子期望过高，孩子担心达不到预期目标遭致父母的责备因而忧心忡忡，焦虑不安；孩子对自己没有客观的认识为自己制定过高的目标，一旦实现不了就会加重孩子的焦虑。由此可见，父母帮助孩子制定合理的奋斗目标就尤为必要。

父母要给孩子充分的发展空间，给孩子制定跳一跳就能够着的目标，偶尔孩子自己把目标定得很高，父母也要作巧妙的调整。这样就能保证孩子不至于因为没有退路而产生焦虑，半途而废。

建议四：教育孩子学会自我放松

容易焦虑的孩子一般对压力过于敏感，但是他们又缺乏释放压力的能力，这就需要父母教育孩子放轻松，帮助孩子抛弃压力带来的焦虑，坦然对待压力。

李文是个乐观积极的孩子，对待任何事情都有良好的心态，这与父母的教育是分不开的。

妈妈经常教育李文，遇到什么事情都要放轻松。当被焦虑的情绪困扰时，多做几个深呼吸。每天上学前和放学后，都让她仰面平躺，闭上双眼，放松全身。

现在的孩子面对激烈的竞争，心理要承受很大的压力，压力造就了焦虑。孩子害怕落后失败的心态父母要加以理解，但是要合理调试孩子的心理，教育他们放轻松，避免压力过大产生的焦虑成为孩子身心发展的绊脚石。

我想哭一场——给孩子哭的权利

教子实例

王小汐想要玩秋千，但一个大哥哥却正在玩，小汐走过去怯怯地跟大哥哥说："哥哥，你能让我玩一会儿吗？"

大哥哥不高兴地说："我玩着呢，你等着吧。"

小汐撇了撇嘴，无奈地在一旁等着。

又过了很久，大哥哥丝毫没有要离开的意思，妈妈劝说小汐，要不就先回家。

"我不，我一定要玩。"小汐不依不饶，就是不回家。

后来小汐实在忍不住了，坐在地上就开始哇哇大哭，妈妈觉得小汐太不懂事了，在这么多人面前说哭就哭，就怒斥她，不许她哭。

小汐被妈妈的话吓住了，委屈地忍着、抽泣着，难受得脸都红了。

心理分析

很多父母都希望自己的孩子健康快乐地成长，一听到孩子的哭声会感到很揪心，父母下意识地就会去制止孩子哭泣，或者想办法满足孩子的各种需求。

其实，父母不必太在意孩子的哭声，相反，要适当地给孩子哭泣的权利。

孩子的哭声没有父母想象的那么害怕，孩子从一出生就开始哭，也不会有严重的后果。孩子跟大人一样，也需要发泄自己的情绪，来缓解自身的压力和不快。当孩子哭泣时，不妨先让他缓和一些，再去解决实际问题。

很多时候，孩子会哭，是因为自身的欲望得不到满足，想要通过哭泣来赢得父母的注意，来让父母妥协。对于孩子的无理要求，父母不要轻易妥协，让孩子养成不良习惯。让孩子哭一下，把不满发泄出来也就没事了。

孩子还比较单纯，需求得不到满足就会通过哭泣来表达。如果孩子憋在心里不说，不良情绪得不到宣泄，久而久之容易生病。因此，适当的情绪宣泄——哭泣，对孩子是有益处的。

给孩子哭泣的权利，不是说要放任孩子哭泣不管，相信天底下也不会有这么狠心的父母。孩子因为难过哭泣时，父母要及时给予安慰，开导孩子，在孩子心情平和之后细心安慰孩子。让孩子尽快走出阴霾的情绪。

给父母的建议

大人在心情不好时，也难免会落泪，更何况是脆弱的孩子，他遇到不快怎么能不哭泣呢？

建议一：不要强制孩子停止哭泣

一旦孩子感到难过或不满等，就会通过哭泣来表达自己的不满，或发泄自己的不满情绪，如果父母强制孩子不许哭泣，不良情绪憋在心里，容易引起心理疾病。

当孩子真心难过、哭泣时就必须给孩子哭的权利，不在关键时候强制孩子停止哭泣，等孩子的坏情绪发泄了，往往会自主地好起来。

金爱爱是个爱哭鬼，尤其是爷爷奶奶在家时，为了得到某种奖励，爱爱就会通过哭泣来让爷爷奶奶妥协。

爷爷奶奶回乡下探亲了，金爱爱又提出了无理要求，妈妈完全不当回事。爱爱就使出了杀手锏，开始大哭。

妈妈没理她，拿起一本小书自顾自看起来。

爸爸回来了，问妈妈，为什么爱爱哭泣她也不管。

妈妈冲着爸爸使了个眼色，说："哭泣是她的权利，让她哭吧。"

爸爸明白了妈妈的用意，就去洗刚买回来的草莓了。

爱爱看见爸爸也不帮自己，哭声小了很多。

当一盘鲜艳欲滴的草莓放在桌子上时，爱爱立即不哭了，擦干眼泪走近桌子旁说："你们吃草莓为什么不叫我啊？"

爸爸妈妈不约而同地相视一笑。

爷爷奶奶回家后，发现爱爱不再随便使用她"哭泣的权利"了。

孩子在成长过程中，总会遇到非理性欲望不能满足的时候，孩子因为痛苦而哭泣是正常行为，有利于消极情绪的发泄，父母不要阻止孩子哭泣。

建议二：孩子哭泣时，父母要及时安慰

孩子在发泄情绪、哭泣时，父母不要阻止，但不等于让父母丝毫不关心。尤其是孩子因为受了打击或伤害时，父母要在孩子身边安慰孩子。可以抱抱他，拍拍他，让孩子知道他不是一个人，增加心里的安全感。

安慰孩子时，不要告诉孩子"你别哭了"，最好什么都不要说，直到孩子彻底发泄完不良情绪为止。

建议三：孩子哭过之后再开导孩子

父母想要劝说孩子，千万不要在孩子哭泣时。孩子正处在情绪高峰，父母说什么话孩子也难以听进去。如果方法处理不当，父母的安慰就成为了孩子制约父母的杀手铜。

因此，要等孩子哭过之后再开导孩子，心平气和地给孩子讲道理。

郑雷雷刚刚3岁，却淘气得很，父母不敢批评，一批评就哭个没完，妈妈拿他一点办法也没有。

一天，雷雷非要爬窗户，家住在五楼，不难想象，爬窗户是一件多么危险的事。妈妈不让雷雷爬，雷雷不听，抓着窗户不撒手。

妈妈使劲把雷雷拉下来，雷雷坐在地上就开始哭。妈妈想马上教育雷雷，让他别哭了。爸爸拉住了妈妈说："让他哭吧，哭完了再说。"

爸爸妈妈站在雷雷旁边，谁也不说话。

过了一会儿，雷雷哭累了，好不容易止住了哭声，看起来也没那么难过了。

"雷雷，咱家在五楼，爬窗户太危险了，爸爸妈妈都不敢爬。"爸爸安慰雷雷，"五楼那么高，掉下去就活不了了，你就再也不能见到爸爸妈妈了。"

雷雷好像明白了道理，低着头不再说话，也不再爬窗户了。

在孩子哭泣的时候，劝说孩子别哭了、用暴力制止孩子都不是好办法，最好的方式就是在孩子哭完之后再跟孩子讲道理，孩子明白其中的重要性，才愿意听话。

孩子心事太重——打开孩子的心扉

教子实例

张桐桐今年4岁半了，妈妈老说她小小年纪就跟小大人一样——心事太重。她不愿意跟父母沟通，妈妈有时都不知道她在想什么。

妈妈去幼儿园接桐桐回家，桐桐一个劲地打哈欠。妈妈问桐桐："孩子，你今天中午没睡觉吗？"

桐桐不以为意地点了点头。

"你没睡觉干什么了？"妈妈紧接着问桐桐。

"没干什么啊？我在想事呢。"

听桐桐这么一说，妈妈感觉很不可思议。

"你想什么呢？"

"哎呦，没什么，你就别问我了。"说完，桐桐就打开房门，去客厅看动画片了。妈妈错愕地站在门口不知如何是好。

桐桐这孩子为什么不愿意跟父母沟通，不愿意打开心扉呢？

心理分析

随着年龄的不断增长，孩子丰富的内心活动表现得会越来越明显，渐渐有了自己的看法和小心思。很多时候，父母都不会认可孩子的观点、想法，甚至反应非常强烈，久而久之，孩子就不愿意与父母沟通，紧紧关闭了自己的心扉。

孩子长期拒绝与别人沟通谈心，对孩子的健康成长极其不利，情况严重的孩子还会患上自闭症。

父母把自己的想法加注在孩子身上，希望孩子按照自己的意愿成长。孩子都很反感这样的父母，慢慢地，孩子年龄越大就越不愿意与父母沟通。

只有孩子愿意跟父母打开心扉，父母才能真正参与孩子的内心活动，才能明白孩子的真实想法，才能给孩子最大的帮助支持，让孩子成为自己想成为的人。

将所有事都闷在心里的孩子，心理往往都不健康，在以后的成长道路上，会走得不顺畅。很多经常犯错误的孩子，都不愿意与父母沟通。父母不能引导孩子成长，孩子必然会错误不断。父母要意识到与孩子交流沟通的重要性，身体力行地做好跟孩子的交流。

只有对父母非常信赖，孩子才会说出心里的秘密，才愿意参考父母的意见，听从父母的指导。因此，父母要成为让孩子可以充分信任并理解孩子的人。如此，孩子才会毫无顾忌地敞开心扉。

给父母的建议

面对心事过重的孩子，父母难免会束手无策。其实只要父母意识到下面几点，并力争做好，让孩子敞开心扉就会成为一件容易的事。

建议一：与孩子沟通时要认同孩子的情绪

孩子都渴望得到父母的理解，让父母认同自己，这样交流起来才会有共同语言。孩子在与父母沟通时，父母要学会认同孩子的情绪，做出相应的反应，否则孩子就会认为你对他说的话不感兴趣，会很失望。以后，自然就不想多说什么了。

于浩今年6岁了，幼儿园的老师要组织一个小小足球队，于浩非常开心，想要参加。可是因为一些原因，最终他没有被选上，回到家非常难过。

"妈妈，今天发生了一件大事，我很难过。"妈妈一听说是大事，立即停止了擦桌子的动作，等着于浩继续说下去。

"老师没让我进足球队。"于浩说得很委屈。

妈妈顿时松了口气，她还以为是什么大不了的事呢。

于浩看妈妈不以为意，脸上很快有了失望的表情。

妈妈察觉到了，意识到自己没有认同孩子的情绪，打击了孩子的诉说欲望。

于是妈妈赶紧表现得很痛心，安慰于浩说："真是太可惜了，但下次一定会选上你的。"

于浩看妈妈在关注自己，又跟妈妈说了很多心里话，把落选的心理感受全部表达了出来。他真高兴，妈妈认同了他的坏情绪。

孩子需要诉说、需要发泄，有时在大人眼里不值得一提的事，孩子却很在乎。如果父母不懂如何认同孩子的情绪，打击孩子的诉说欲望，孩子之后就不会再轻易跟父母诉说沟通了。

建议二：多向孩子打开心扉分享自己的心事

父母要想打开孩子的心扉，首先就要懂得向孩子打开心扉，主动分享心事，让孩子知道，交流分享是非常有必要的事。

有些父母认为孩子小，什么也不懂。孩子看着父母不开心，想要问缘由，父母一般都会拒绝告诉孩子，不跟孩子说实话。

受到父母的影响，孩子很可能会成为心事颇重，不愿意打开心扉开口诉说的人。

建议三：父母要学会替孩子保守秘密

孩子心思越来越细腻，他的心事需要聆听，但也需要保密。很多孩子不愿意跟父母敞开心扉交流，一部分是因为父母不懂得替孩子保密。有些秘密，孩子不希望父母以外的人知道，所以，父母"泄密"时，孩子会很受伤，以后就可能会对父母关闭心门。

父母要想成为值得孩子信赖的诉说对象，就要懂得替孩子保守秘密。

晚上睡觉之前，6岁的容影跟妈妈说了很多悄悄话，母女俩聊得很开心。小影说完了，就要回房睡觉，她跟妈妈拉钩，一定要妈妈保守秘密，不要告诉任何人。

妈妈宠溺地刮了一下小影的鼻子，说保证不告诉其他人。小影高兴地回房睡觉了。

一会儿，小影发现自己的玩具熊还在妈妈房间，就跑过去拿。

在门口，小影听见妹妹在缠着妈妈，问刚才她跟妈妈说了什么悄悄话。妈妈告诉妹妹，小影让她保密，不能随便告诉别人。妹妹怎么问，妈妈都没说。

小影更加肯定了，妈妈是她最值得信赖的诉说对象。她的心扉永远向妈妈打开。

孩子渴望诉说，但更渴望得到尊重。孩子只愿意向保守秘密的父母诉说。

建议四：跟孩子沟通时要慎用批评否定

孩子有时会跟父母说一些跟恶作剧有关的事，或者一些不正确的想法，很多父母一听就开始批评孩子，说孩子不应该这样做等。孩子听了之后，必然会后悔跟父母诉说。以后孩子绝不会再给自己"找麻烦"，不会再跟父母沟通。

妮妮问妈妈说："妈妈，你知道我在幼儿园是怎么欺负男孩子的吗？"

妈妈没说话。

"我走到他们跟前，然后一掀裙子，就把他们'吓跑了'。"妈妈听了很生气，马上想要张口批评妮妮。

但转念一想，孩子跟自己说是好事，是信赖自己。妈妈压住心里的怒火，用温和的态度跟妮妮交流了好久。妮妮不但认识到了不妥之处，还很感谢妈妈愿意分享她的趣事。

孩子明显察觉到父母生气了，会后悔跟父母沟通。下一次，孩子往往会长记性，再也不开口。所以父母一定要慎用批评，而要用温和的方式教育孩子。

孩子喜欢自言自语——多和孩子聊聊

教子实例

米修今年刚刚4岁，个性有些怪。妈妈总是玩笑似的说："米修真是神神叨叨的，总是自己跟自己说话。"

有一次，米修想吃甜滋滋的菠萝糖，妈妈答应了他的要求，买给他吃。米修很高兴，他一手拿着糖，一手抱着洋娃娃向客厅走去，又开始了自言自语："娃娃，妈妈给我买了菠萝糖啊，一会儿我再给你拿一块。"

一会儿，米修又来拿糖，妈妈不同意，说糖吃多了会长蛀牙。米修顿时就不高兴了，坐在地上大哭。

妈妈没理他，一会儿米修垂头丧气地爬了起来，自言自语道："唉，看来我只能明天再吃糖了。"

时间长了，妈妈就开始怀疑，米修经常自言自语，是不是有什么毛病呢？

心理分析

细心的父母不难发现，孩子在一个人玩耍时，经常扮演不同角色，自言自语，好像沉浸在某个未知世界里。这是孩子的正常表现，是孩子喜欢的"幻想"游戏。

有关研究证明，15%~30%的孩子都有自言自语的举止，多发生在孩子3~6岁时。多跟孩子聊聊，说说话，孩子的这种情况会有所改善。

一般的，孩子上了幼儿园，多与外界沟通交流，这种状况慢慢会消失。

孩子自言自语，是在另一个思维世界里游戏，这个时期，是父母引导孩子积极思考能力的关键时期。孩子开始交流，开始思考。相信加上父母的积极引导，孩子的思维能力必然会有所提高。

孩子在自言自语时，父母不要随便打断。盲目地打断孩子，强迫孩子不出声，会影响孩子内部语言的进程，不利于孩子智力的发育。多跟孩子聊聊，进入孩子的世界，才能了解他们在想什么，才能引导孩子的正确行为。

不限于父母，也要多鼓励孩子跟其他人多交流沟通。很多时候，如果孩子过分孤僻，这种自言自语的时期会延长。严重的还需要看医生。

多与孩子交流，有助于提高孩子的综合能力，让孩子的身心发展更健全。

给父母的建议

孩子喜欢自言自语，父母不要害怕，多跟孩子聊聊天，状况会有所改善。

建议一：跟孩子聊聊他自言自语的世界

孩子的想象力比较丰富，在自言自语时会把自己想成某个角色，在某个特定环境中说着某些话。有些父母不喜欢孩子的这个习惯，会打断孩子的自言自语，引起孩子的不满。

其实，父母应该多跟孩子聊聊他心里的"幻想"世界，这样做能锻炼孩子的语言表述能力和思维能力。

王佳梦今年3岁，细心的妈妈发现，小佳梦很喜欢一个人自言自语地说话。有时是躺在床上说话，有时跟桌椅说话，有时又好像在跟自己的玩具商量问题。妈妈感觉太奇怪了。

"佳梦，你一个人在说什么呢？跟谁说话呢？"

"嘘！"佳梦比划了一个停止动作，她小声地告诉妈妈说，"我在跟桌子说悄悄话，不能让椅子听见。"

妈妈越听越糊涂，后来终于明白了佳梦在模仿一个动画片。妈妈佯装很好奇，佳梦就开始跟妈妈讲动画片里的场景是多么让自己喜欢。

佳梦越说越开心。

之后，佳梦经常跟妈妈讲动画片。

孩子的内心世界很美好，父母多跟孩子聊天，不仅有助于了解孩子的内心世界，还能帮助孩子提高演说能力，有利于孩子良好心理和性格的塑造。

建议二：在聊天过程中，引导孩子积极思考

平时多跟孩子聊聊天，孩子的思维很容易被父母带动起来。通过玩一些语言游戏，引导孩子积极思考，孩子手脑并用，会更聪明。

夏天的午后，天气非常炎热，两岁的慕青乖乖地坐在床上玩卡片拼图。妈妈从外面回来，看见慕青一边比划，一边自言自语，玩得不亦乐乎。

妈妈很高兴，走过去一看，慕青在玩汽车卡片。于是就跟慕青玩起了语言游戏。在游戏过程中，妈妈给慕青讲了很多小常识。

"你手里拿的是什么啊？"妈妈欢快地问慕青。

"是个会跑的小汽车。"慕青奶声奶气地说。

"嗯，慕青真聪明。那汽车是用来干什么的啊？"

"是用来拉东西的？"慕青歪着头想了想说。

"还用来干什么？"妈妈继续问。

"拉人。"

"爸爸要是开车应该走马路左边还是右边啊？"妈妈问了一个慕青不知道的问题。

"那个，那个，我也不知道。"慕青想了半天也无法回答。

"开车要走右边，慕青记住了吗？"妈妈告诉慕青说。

"嗯，记住了。"慕青使劲点了点头，样子非常可爱。

妈妈经常在慕青自言自语时，引导他思考一些其他问题，慕青变得更活泼，更积极思考。

孩子自言自语绝不是坏事，反而是引导孩子积极思考动脑的好时机，趁着孩子充满丰富想象力时教育孩子，结果往往会事半功倍。

建议三：鼓励孩子跟其他人交谈接触

孩子长期处在自言自语状态中，不跟人及时交流，对孩子的成长很不利，有关研究证明，独生子女的自言自语状态更常见，而且持续的时间也较长，主要是孩子与父母交流少的缘故。

平时，父母除了自己跟孩子聊天外，还要多鼓励孩子跟他人交谈接触。自言自语的习惯，随着孩子性格的日益成熟，会慢慢消失。

多跟孩子聊天沟通，能让孩子变得善于交谈表达，心理更加阳光健康。

妈妈，我怕输——怕失败怎么办

教子实例

5岁的嘉怡喜欢跟妈妈玩跳棋，但她却只能赢，不能输。如果输了就大哭不止。妈妈摸透了规律，在下棋时总会故意输给嘉怡。

有一天，嘉怡的表姐来家里做客，妈妈很高兴。现在该做饭了，嘉怡却非要玩跳棋，表姐来得正是时候。妈妈拿出跳棋让表姐跟嘉怡玩，自己就去做饭了。

表姐不知道嘉怡怕失败、输不起，就连续赢了嘉怡好几次，惹得嘉怡哇哇大哭。

"妈妈，表姐是个坏人，她欺负我，她欺负我。"

表姐一头雾水，妈妈还没说话，表姐就问妈妈说："嘉怡为什么说我欺负她？"

"你就是欺负我，你就是故意不让我赢。"

没办法，表姐又故意输了几次，嘉怡才破涕为笑。

妈妈很头疼，嘉怡怎么这么怕输、怕失败呢？

心理分析

孩子的心理承受能力比较弱，孩子怕失败是种正常的现象。孩子都希望自己比别人好，得到更多的关注。如果孩子认为自己失败了、输给了别人，心里就会有强烈的挫败感，就会发脾气或哭闹不止。

如果孩子怕失败的心理长期持续下去，对每一次成败都看得极重，最终会让孩子难以适应社会，难以跟他人正常相处。

因此，从孩子小时候起，父母就要多关注孩子的情绪，让孩子正确看待成败，提高孩子的耐挫力。帮助那些"输不起"的孩子成功排除心理障碍。

在日常生活中，父母要让孩子知道，生活中总会遇到一些不如意，不是每次的成功都应该属于一个人。

孩子在以后的道路上会遇到数不清的挑战和失败，如果父母没有过早地对孩子进行挫折教育，让孩子坦然面对失败，孩子在以后的路上依然会"输不起"。

父母可以通过不同的方式，让孩子面对失败，从而磨练孩子的耐挫力和心理承受能力。

有时孩子怕失败是受父母的影响，父母在孩子成功和失败时，会出现迥然不同的态度，孩子害怕得到父母的批评，从而惧怕失败。

面对这种情况，父母要多鼓励孩子，培养孩子的自信心，同时淡化失败观念，不要让负面情绪经常出现在孩子心里。

总之，打破孩子的怕失败心理，要从孩子小时候做起，一步一步磨练后，相信孩子的心理会更强大。

给父母的建议

当孩子说"妈妈，我怕输"时，你要怎么回答呢？你要怎么改变孩子的这种心理呢？

建议一：首先了解孩子怕失败的原因

随着孩子慢慢长大，他们也会有自己的想法。有些孩子做事时，总是害怕失败。一旦失败了就会垂头丧气，痛哭不止。面对孩子的不良情绪，父母要及时与孩子沟通，看看孩子为何怕失败，然后帮助孩子及时解决。

很多时候，父母认为孩子年纪小，不会有自己的想法，因此很少与孩子沟通。不了解孩子的心理，当然就不能对症下药。

建议二：多鼓励孩子，增强孩子的信心

在孩子面对失败时，父母要及时安慰孩子，帮助孩子找出失败的原因，然后总结出经验教训，从而增强孩子的自信心。

孩子的情绪不稳定，有时父母的一句鼓励，孩子就会走出阴霾的心情，把失败抛之脑后。从小有自信心的孩子，是不会轻易害怕失败的。

建议三：磨练孩子的抗失败能力

孩子在生活中总会遇到一些小挫折，比如玩游戏时、走路时等，父母平时要多注意从生活小事中磨练孩子的抗失败能力。最好故意给孩子安排一些小挫折，让孩子自己去解决问题，在过程中增强抗失败能力。

刘能最近喜欢上了洗衣服，他很好奇妈妈可以将一件件脏衣服洗得干干净净，于是就想自己洗了。

刘能拿起自己的小袜子，使劲儿洗呀洗，可是那个污点却怎么也洗不干净。

刘能生气了，他把袜子扔在盆里，脏水溅得老高。

"我不洗了，我不洗了，根本就洗不干净，以后再也不洗衣服了。"刘能失败了一次，就不敢再尝试第二次了。

"能能，谁也不是一开始就会洗衣服的。妈妈小时候比你笨多了，洗了好多天才能洗干净衣服。你现在怎么能不洗了呢？"

"我害怕我洗不干净，我害怕再失败一次。"能能跟个小大人似的。

"如果面对困难你退缩了就是一个胆小鬼，只要你一直坚持尝试，总会洗好的。"

能能又乖乖坐下，开始洗小袜子。能能连续洗了三天，终于洗得比新买的还干净，他终于成功了，别提自己有多高兴了。

孩子的抗失败能力是父母一步步指导教出来的，孩子越害怕失败，父母越要鼓励孩子多多尝试。孩子经历过磨练，才能正确看待失败，才能不惧怕失败。

建议四：告诉孩子失败了也没关系

对于在乎父母看法的孩子来说，他们害怕失败是因为怕受到来自父母的压力。如果能得到父母的理解和宽慰，孩子就会正确看待失败，不惧怕失败。

杜悠悠被老师挑中参加幼儿园一年一度的歌唱比赛，悠悠非常高兴，她对妈妈说，一定要给妈妈争光，一定要拿回一朵小红花。

妈妈非常高兴，在家里教悠悠跳舞，还给悠悠买了好看的新衣服。

结果，在比赛的时候，悠悠在跳旋转舞时，脚下一滑摔倒了，悠悠吓得哇哇哭起来。台下的妈妈赶紧跑上台，把悠悠拉到了一边。

"悠悠你没事吧？"妈妈关切地问，替悠悠擦拭脸上的泪。

"妈妈，我输了，我得不到小红花了。"悠悠哭得更伤心了。

"没事，没事的，悠悠，输了也没事啊，没什么了不起的。"

"妈妈，我失败了，拿不到小红花了，你还会爱我吗？"原来悠悠是怕自己输了，妈妈就不爱自己了。

"傻孩子，"妈妈抚摸着悠悠的头，"输了有什么关系呢？输了妈妈依然爱你。你要知道，只要你尽力跳了，输了又有什么关系呢。"

悠悠终于放心了，她深深记住了妈妈的话："失败了也没关系"。

孩子怕输，有时候是怕父母失望。不要让孩子做脑子里只有"赢"的意识的人，对孩子要求越高，越严厉，孩子反而越做不好，越怕失败。